認識

DIE GESCHICHTE
DER ISRAELIS
UND PALÄSTINENSER

諾亞‧弗洛格、馬丁‧薛伯樂————著　王瑜君、王榮輝————譯
by Noah Flug / Martin Schäuble

以色列人與
巴勒斯坦人
從古到今的紛爭

目次

前言　4

導言　7

從遠古到 1936 至 1939 的巴勒斯坦抗爭
——簡要概覽　10

猶太浩劫與逃難到巴勒斯坦　28

分割巴勒斯坦，以色列建國，
以及第一次以阿戰爭　52

迄今懸而未決的巴勒斯坦難民問題　74

1950 年代與蘇伊士運河危機　83

1960 年代與六日戰爭　100

以色列占領下的巴勒斯坦人與阿拉法特領導下的
巴勒斯坦民族運動　116

1973 年——一方稱贖罪日戰爭，
另一方稱齋月戰爭　124

梅納赫姆・貝京主政下的以色列：
從以色列殖民巴勒斯坦地區
直到 1982 年的第一次黎巴嫩戰爭　136

第一次巴勒斯坦大起義與奧斯陸和平協議　147

第二次巴勒斯坦大起義與藩籬的設置　162

從南邊的加薩走廊衝突到北邊的
2006 年第二次黎巴嫩戰爭　185

今日的以色列人與巴勒斯坦人　203

「這是我們的家」──代跋　211

附錄
　　大事表　217
　　地圖　229
　　多媒體參考資料　236
　　時代見證者　254
　　中外名詞對照表　256
　　圖片索引　263
　　謝詞　264

前言

薩米拉‧查瑪斯 Samira Dschamal

想要維持中立客觀立場，對我可不是件容易的事。我持有聯合國的難民證，我父親是巴勒斯坦人，我丈夫也是。我們住在柏林和拉姆安拉（Ramallah）。我對巴勒斯坦歷史瞭若指掌，知道 1948 年逃出巴勒斯坦的故事。我親眼目睹以色列的邊防檢哨站和軍人。這些都是事實。

但是我看到的事實，若從以色列的立場出發就又是另外的面貌。每個人都從自己的立場來解讀歷史，都相信自己的版本最有道理。在特拉維夫的機場有人問我想要入境的原因；這問題讓我火大，我父親出生於巴勒斯坦，他從那裡逃出來跑到德國定居。他不願再回鄉，甚至連探訪作客都不願意；他不希望經歷自己回到家鄉卻只能被當作陌生人的景象。光是要面對邊防檢哨站盤問的羞辱就足以讓他裹足不前。可是，以色列人的感受卻完全不同，他們認為他們想要和平共處，反而是我們巴勒斯坦人不願意。他們也認為巴勒斯坦人有恐怖攻擊的嫌疑，所以有必要設置檢哨站就來防範未然。但是對我而言，這些檢哨站就是刁難和羞辱。

我丈夫的父母住在耶利哥（Jericho）。我們從拉姆安拉出發開車經過檢哨站，那邊已經塞滿等候的車子了。再到

下一個檢哨站時我們必須拿出證件，我們的車子也被仔細搜索。接下來又是一個接一個的檢哨站，路旁也出現是一個接一個，不斷擴大的以色列屯墾區；這些建物就散布在短短四十五公里的車程內，根據聯合國的認定，這片土地還是巴勒斯坦人的領土。

現在我們幾乎聽不到這些問題的討論了，對立的雙方也很少溝通，彼此成了仇敵，避之唯恐不及。我和我丈夫的一位好友是以色列人，我們常常討論這些衝突和困難。他來拜訪我們還要偷偷摸摸地過來，因為以色列的法律禁止他進入一些巴勒斯坦城市例如拉姆安拉；許多巴勒斯坦人根本進不了以色列，這讓仇視的雙方沒有機會了解彼此；即使是維繫舊日情誼，或是認識新朋友，都變得很困難，更不用說一起合作了。兩個族群隔離開來反而容易助長偏見，因為隔離會凸顯彼此之間差異，看不見人性共通之處。

雙方陣營的激進分子讓衝突更加火上加油。很多巴勒斯坦人不承認以色列國，而以色列人也不接受巴勒斯坦國為鄰居。想到這點就讓我很頭痛。真希望能夠找到公義的解決方案，既能化解邊界衝突，也能尊重各個族群想要擁有自己的國家的願望。這樣才能平息衝突。

我們必須和鄰居共處，此外沒有其他出路。我們常常忘記，衝突的背後不是數字和事實，而是活生生的人。這

本書的讀者可以聽見這些人的聲音，這些來自日常生活的
人，我也是其中之一。

　　薩米拉‧查瑪斯的故事出現在「迄今懸而未決的巴勒
斯坦難民問題」那一章；那時候她的名字是薩米拉‧伊拉
齊（Samira Iraqi）。

導言

　　想要了解以色列和巴勒斯坦之間的衝突，就必須從他們的歷史著手。處理這個主題的文獻已經可以塞滿整座圖書館了，我為什麼還要再寫這本書呢？至少有兩個適切的理由：其一，目前還少了一本淺顯易懂，不需要有任何背景知識的書，這對年輕讀者尤其重要（其實年長者也有同樣的需求）；其二，目前出版品雖多，但是由那些親身經歷近東衝突的受苦者為主體來發聲的作品還很罕見。

　　這本書所呈現的以色列和巴勒斯坦歷史，是由那些親身體驗過這些歷史的人，從他們的視角來講述。這些歷史的見證人來自傑寧（Jenin）、特拉維夫、耶路撒冷、或加薩的城市，他們的城市每天都是狀況不斷，這些見證人說的都是自己經歷的故事；例如以色列退伍軍人亞伯拉罕‧巴蘭姆（Abraham Bar-Am），我在特拉維夫見到他時，他說：「我在戰爭中長大。我自己投入了獨立戰爭、蘇伊士運河戰爭、六日戰爭、贖罪日戰爭等一堆大大小小的戰役；我兒子也上戰場，我孫子也是，孫子現在還因此受傷住院；我想我的孫子的孫子還要繼續戰爭下去。」

　　巴勒斯坦人艾蜜莉‧札卡曼（Amelie Dschaqaman）則從另一個角度來看待這些衝突。她的童年在伯利恆度過，

今天則住在拉姆安拉。「我母親出生時是正值鄂圖曼土耳其占領巴勒斯坦，我出生時的占領者換成英國人，我的小孩出生時的占領者又換成約旦人，等到我的孫兒們出生時的占領者成了以色列人。每個世代都有人覬覦這塊土地，卻沒有人真心對待我們這些住民。這是怎樣的悲劇啊！」

這樣悲憤的感嘆是本書訪談過的巴勒斯坦人和以色列人常常流露的心聲，這也指出：中東衝突不可能有單一客觀的真理。是與非之間往往很難論斷和選擇。所以雙方的立場都要兼顧和聆聽；本書正想要從貼近歷史現場的第一手接觸來報導近東地區重要的政治事件。

本書訴求的對象是中小學和大學生，以及那些習慣閱讀報紙或看電視的民眾，他們常常會忍不住想問：「為什麼到現在還沒出現長期的和平？為什麼巴勒斯坦和以色列人還日日月月年年地戰爭不停？」本書將從這樣的歷史脈絡中闡明一些常常在媒體出現，但又很少交代清楚的概念。

本書後面的參考資料部分中附上一份整理重要事件的年代表。我們也在參考資料部分推薦其他相關作品、網站和影片。這些媒體推薦清單是依照本書章節來分類；若想要多了解個別的訪談見證者的背景，可以從參考資料部分著手探究。書末提供的索引是快速入門的捷徑，收錄的項目從馬哈茂德・阿巴斯（Mahmud Abbas）到錫安（Zion）。

我們呈現給讀者的，希望是一本誠實坦白，無畏禁忌

的作品，這也是編者的共識。猶太浩劫倖存者諾亞・弗洛格 1958 年移民到以色列，他今天是國際奧斯威辛委員會中在以色列的猶太浩劫倖存者組織的主席。他共同規劃了本書的架構，提供許多想法和他的人際資源來促成此書完成。

　　新聞記者馬丁・薛伯樂利用一年半的蒐集資料時間拜訪近東衝突中對立的兩個陣營的當事人。寫書的過程中他深刻感受到，雖然這是臨時性爆發的衝突，但是卻看不到未來的出路，即便如此，這樣的衝突還是可以解釋說明的。這本書無論做為導讀，或做為參考文獻都很適切，也算是擠身於龐大浩瀚的近東文獻的眾多書目中的一員。

從遠古到 1936 至 1939 的巴勒斯坦抗爭
── 簡要概覽

　　到底是誰先定居在這塊聖地上，以色列人還是巴勒斯坦人？這個問題常常被提出來，但很難找到明確的答案。其實這樣的提問根本就錯了。早在「以色列人」和「巴勒斯坦人」的詞彙出現在文字之前，這塊土地已經有人類居住。現在已經很難找到這兩個族群的共同始祖所留下的遺跡，許多相關資訊也不明確。但是我們能夠肯定的是，以色列人的語言（希伯來語）和巴勒斯坦人的語言（阿拉伯語）是有共同的來源。

　　導致今天以色列和巴勒斯坦之間衝突的主要關鍵來自於二十世紀初的國際事件。第一次世界大戰時，來自不同國族，人數遠超過六千萬的大軍互相對峙。巴勒斯坦當時隸屬於土耳其帝國的一個省分，土耳其帝國的開國蘇丹是鄂圖曼一世，所以此帝國也被稱為鄂圖曼帝國。土耳其軍隊是德國和奧匈帝國的盟友；但是土耳其帝國自己內部的問題已經讓掌權者頭痛，地方勢力忙著鞏固自己的利益，根本不理會中央政府的指揮。

　　英國人早就知道鄂圖曼帝國內部衝突，他們藉機與海珊・本・阿里*密談商討合作謀略。海珊・本・阿里掌控伊斯蘭教最神聖的城市麥加，是位舉足輕重的領導人物。

麥加城位於今天的沙烏地阿拉伯境內，是西元 570 年先知穆罕默德誕生的地點。著名的黑色立方體建築「卡巴天房」（Kaaba；阿拉伯語「立方體」）就在麥加城內，根據伊斯蘭教的說法，這座黑色建築物是亞伯拉罕和他兒子以實瑪利所建造的。全球的穆斯林在禮拜時都要朝向麥加的方向。

英國人提供相當優厚的籌碼給海珊・本・阿里：英國人承諾要幫他建立一個獨立的阿拉伯帝國；交換的條件是海珊要在鄂圖曼帝國內策畫叛變。英國外交官亨利・麥克馬洪爵士（Sir Henry McMahon）藉由信件往返與海珊商討這件利益交換計畫。

海珊接受了英國的條件，1916 年策動了對鄂圖曼帝國的抗爭。英國間諜湯瑪斯・愛德華・勞倫斯上校（Thomas Edward Lawrence），也就是著名的阿拉伯的勞倫斯，大力協助海珊的叛變計畫。勞倫斯之前在敘利亞進行考古工作，因為熟悉阿拉伯語而很快贏得當地人的信任。海珊・本・阿里其實最後沒有拿下英國人原先答應的大餅，但是他還是誇口封自己是「阿拉伯之王」；西方國家最後只將今天位於沙烏地阿拉伯境內漢志地區（Hejaz）給予海珊・本・阿里。

但是英國人也瞞著策動鄂圖曼帝國內部叛亂的領導人，早已偷偷地與法國人磋商；在完全沒有徵詢這個領土當地住民意見的情況下，英法兩國就盤算著在第一次大

瓜分鄂圖曼帝國／賽克斯－皮科協定

戰結束後如何私下瓜分鄂圖曼帝國領土。這個祕密協商就是賽克斯—皮科協定（Sykes-Picot Agreement）。佛蘭索瓦・傑歐－皮科（François Georges-Picot）是駐貝魯特的法國總領事，馬克・賽克斯爵士（Sir Mark Sykes）則是英國政府的近東問題專家。

大部分的巴勒斯坦民眾對背後一大堆協定和談判一無所知。巴勒斯坦人**莎哈爾・山姆哈（Sahar Samha）**1917年出生於拉姆安拉附近的小村莊，她還記得 1920 和 1930年代發生的事。「我們是務農的，生活簡單純樸，忙著播種和收割。我每天都在農地上忙碌，清晨四點到五點之間就開工了，忙到約下午四點才回家。我們採收番茄、黃瓜和無花果；我們摘取橄欖來搾取橄欖油。我們收成的農作銷售到全國各地。遇到齋戒月*時可就慘了，我們白日要整天採收水果和蔬菜，但是要等到晚上才能進食。」

* Ramadan：伊斯蘭曆第九個月。

每年一度的齋戒月是齋戒禁食的月分。對於像莎哈爾・山姆哈這樣勤奮勞動的農民而言，不吃不喝的月分特別難捱。虔誠的穆斯林在齋戒月的三十天中，每天從日出到日落的那段時間是不飲不食。只有等到黑夜降臨，一家人才共同結束齋戒。

以色列家園

除了阿拉伯革命者海珊和法國人之外，英國政府還有其他合作對象：當時許多猶太移民紛紛來到「以色列家園」（猶太語 Eretz Yisrael）尋求出路。「以色列家園」指的就是

當時的巴勒斯坦。1917 年 11 月時英國政府公布了當時英國外相阿瑟・詹姆斯・貝爾福（Arthur James Balfour）起草的貝爾福宣言：「大英國協國王陛下的政府對於猶太人民建立屬於自己家園的國家抱持樂觀其成的態度，並且會盡力促成此建國目標達成；但是這些支持是以下列原則為前提，也就是在巴勒斯坦居住的非猶太族群的公民權和宗教權不受到影響，猶太族裔在其他各國的權益和政治身分也不會受到影響。」

　　猶太移民**米歇雷姆・薛希特**（Mischelem Schächter）遷移來這裡主要是出於宗教的動機，而不是政治因素。「我在波蘭就讀一所猶太教學校。我受到的教育告訴我，猶太人只有一個屬於自己而且應該居住其中的家園：『以色列家園』。我接受了這個想法。從小我就聽說我父親有一位表兄弟已經遠行搬去那裡了。年紀稍大時我就想，這位親戚可以到那邊居住，顯然可以在那邊找到工作而生存。我來這裡可不是為了錢，賺錢絕對不是我的動機。我要建設以色列，這是我的家園。」

　　這樣一句話，一直到今天都可以重複在不同的以色列人和巴勒斯坦人口中聽到。這塊三千多年來紛爭不斷的土地，早已經成了以色列人和巴勒斯坦人的國族歷史。這塊土地罕有超過百年以上的和平歲月。握有權杖大位的人來來去去，常常改朝換代。入侵者可以追溯到亞述人、巴比

13

倫人、波斯人、然後亞歷山大帝，托勒密王朝、塞琉西王朝、最後是羅馬人。西元 600 年時，伊斯蘭信仰的阿拉伯人征服這塊土地。四百年後在血腥的十字軍東征時，基督徒橫掃這片土地。以色列作家阿默斯‧埃隆（Amos Elon）曾以耶路撒冷城為例來說明這塊土地不斷引燃的紛爭。埃隆細數過去三千年來五十件重要的「圍城、掠奪、征服和毀滅」。

西元 1000 年前，以色列各族首先在國王掃羅，之後又在大衛王和所羅門王的帶領下，逐步征服這塊區域。當時以色列最常受到威脅是非利士人。非利士人是航海的民族，「巴勒斯坦」這個名字就是從「非利士」衍伸出來。從西元 1516 年起鄂圖曼人統治這個地區，他們就用「巴勒斯坦」稱呼這塊領土。巴勒斯坦這個區域雖然從來沒有成為一個獨立的國家，但是這塊土地上的住民在文化特質和社會風俗上，明顯地與其他近東地區的住民不同。

猶太移民潮

許多猶太人遷移的理由，就如同波蘭出生的米歇雷姆‧薛希特一樣是出自宗教動機；許多新一代猶太移民則是出自政治的考量。1880 年之後，許多來自俄羅斯的猶太人選擇逃難到巴勒斯坦。那時候在俄羅斯出現反猶的血腥衝突，當地歧視的法律讓猶太人成為二等公民。直到 1914 年第一次世界大戰爆發，估計已經有超過兩百五十萬的猶太人逃離俄羅斯。一百位難民中有九十七位會選擇到美國

尋求新生活，三位則選擇巴勒斯坦。

　　這個數字差距背後有許多原因：巴勒斯坦的劣勢在於當地就業前景堪憂，政治局勢不穩定，交通不便，缺乏適宜居住空間。過了一段時間之後再搬進來的移民如**米歇雷姆・薛希特**遇到的情況也沒有太多改善。「我從伊斯坦堡出發到海法，一艘船上大概有近千名旅客，都是年輕人。一開始時我們先被安頓在一處營地，然後我們就收到指示：『出去找工作！』但是我起先找不到工作，因為找工作的人實在太多了。我一開始時幫忙建造街道，非常辛苦。不過我能接受事實，不會去幻想不切實際的白日夢。我在海法與十個人同住一間公寓，一直到我找到一份當銷售員的好差事，才能擁有自己的公寓。」

　　來到巴勒斯坦的移民除了面對經濟困難之外，政治局勢也讓人擔憂。許多人期待西奧多・赫茨爾（Theodor Herzl）所主張的建立獨立自主的猶太國。1860 年出生於布達佩斯的赫茨爾從事新聞記者工作，1894 年在巴黎擔任新聞通訊員時，親眼目睹一場從此改變他命運的司法訴訟。法國軍官阿弗列・屈里弗斯（Alfred Dreyfus）因為背負替德國蒐集情報之嫌疑而被起訴；但是引發公眾注目的焦點並不在於他的德國間諜身分是否屬實，反而是他的宗教屬性。屈里弗斯是猶太人，光是這一點就讓許多法國人認為可以判他有罪。事實上幾年後真相大白，屈里弗斯受到的

屈里弗斯事件

控訴根本是子虛烏有。

　　法國公眾反猶的舉動讓赫茨爾非常震驚。屈里弗斯審判過後兩年，赫茨爾在 1896 年發表《猶太國》(*Der Juden-staat*) 一書。書中他說明猶太人必須建立一個自治國家的理由、方法和地點。「巴勒斯坦是我們無法遺忘的歷史家園。只要提到巴勒斯坦之名，就像是對猶太民族發出強烈動人的集體呼召。如果蘇丹陛下願意將巴勒斯坦交給我們，我們會負責調理整體土耳其財政的問題。對歐洲而言，我們將是一道抵禦亞洲的城牆，我們將建設阻擋外來蠻族的文化前哨；我們將以中立國家的身分與全體歐洲國家共榮共存，這才是我們生存的保障。」

西奧多‧赫茨爾（1860-1904）想要建立「猶太國」。1896 年他於同名著作中說明他心中的建國藍圖。

赫茨爾發表論述後馬上就付諸行動。1897 年他在瑞士巴塞爾召開了第一屆世界錫安主義者大會（The First Zionist Congress）。錫安主義者是那些想要在巴勒斯坦創建猶太自治國的猶太人的自稱。地理上的錫安指的是位於耶路撒冷附近的錫安山，也就是歷史上猶太聖殿所在的位置。錫安其實是象徵性的名詞，錫安主義者不只是希望猶太移民定居錫安一地而已，而是希望布滿聖經上提到的整片以色列之地。巴塞爾大會的參與者隨後創立了世界錫安主義者組織（World Zionist Organization，簡稱 WZO），選出赫茨爾為第一任主席。

大會參與者在「巴塞爾計畫」（Basel Program）中提出他們奮鬥的目標。他們的目標是「在巴勒斯坦為猶太民族建立一個為公法所保障的家園。」大會結束後數天，赫茨爾在他的日記中寫下：「我用一句話來總結巴塞爾會議：我已經在巴塞爾創立了猶太國。但是這句話我自己會留意，不要公開說出去。……我如果大聲說出來，一定只會招來全世界的嘲笑。但是，也許在五年之內，或者肯定在五十年之內，大家都會贊同。」

有些阿拉伯的大地主高價出售土地，想要趁機在這些猶太移民身上大撈一筆。土地買賣可以成交主要是萊昂內爾・沃爾特・羅斯柴爾德爵士（Lionel Walter Rothschild）的協助。這位英國富豪蒐購土地，投資幫助巴勒斯坦的猶

太農莊。直到 1930 年代早期之前，巴勒斯坦大約有百分之六的土地轉手更換地主。

在此之前，在大地主土地上耕作的巴勒斯坦農民是沒有發言權來衛護自己的權利。土地易主後，許多農民在猶太人企業和農業界找到工作。在巴勒斯坦的猶太人、基督徒和穆斯林和睦共處，過著非常安穩的生活。直到二十世紀初期才出現一些比較嚴重的衝突。基督徒和穆斯林對猶

希伯崙大屠殺 太移民越來越抱持批評的態度。1929 年時對立情況加劇，在希伯崙（Hebron）發生穆斯林攻擊猶太鄰居的事件，而在此之前，穆斯林和猶太鄰居可是和平共處了數十年之久。當時還要動用英國託管地的軍人介入來弭平這些爭端。

1933 年的猶太 1929 年的衝突過後才四年就開始湧入史上最大一波移
移民潮 民潮。從 1933 年初到 1935 年底，估計有十三萬猶太人遷入巴勒斯坦。當時納粹已經在德國掌權，對許多人而言，遷移可是攸關生死的大事。巴勒斯坦會成為猶太難民喜愛移民的目的地原因有二：其一是巴勒斯坦是創立猶太自治國的地點，讓反猶的攻擊成為歷史，不再發生；其二是許多國家的法律修改變為更加嚴苛，讓難民更不容易遷移進來。

猶太人約瑟夫‧阿南（Josef Arnan）於 1933 年隨同父母由杜塞道夫逃難到巴勒斯坦。「我逃到這裡時才九歲。在德國時我住的屋子有三層樓高，還有地下酒窖。而這裡我

們全家擠在一間房間內。對我父母而言特別辛苦。我們主要的交通工具是駱駝，貨車很罕見。過去準時紀律的生活已經不復可得，我們現在是住在東方。我們和其他移民在一起同屬於一個大家庭。」

1933 年開時出現的大量移民風潮讓當地巴勒斯坦人的怨懟越來越深。鄉村和城市中漸漸出現不同的政治團體。1936 年出現的阿拉伯高等委員會（Arab Higher Committee）也是從這些團體中發展出來的。這個委員會要求終止接受移民進入巴勒斯坦，也停止土地交易，也號召巴勒斯坦人加入全面罷工。這是阿拉伯抗爭的開始。

巴勒斯坦阿拉伯人起義

巴勒斯坦人**艾蜜莉‧札卡曼（Amelie Dschaqaman）**在伯利恆親身經歷了這次暴動。「罷工持續了六個月之久，開往耶路撒冷的巴士也停駛。所有的商店老闆，甚至市場上的攤販都加入罷工。但是我們總得想辦法維生啊，我家有五個小孩而我父親很早就過世了。還是有些攤商會販售一些食品如米、麵粉和橄欖油等。我母親有時候會要我出門購物，她一定會再三叮嚀：『不要等太久，趕快跑！』」

工匠技師也不去上工，雇員們也不出現在辦公室，勞工們留在家裡。但是並非每一位都是自願加入罷工，在伯利恆也不是所有人都是自願加入。艾蜜莉‧札卡曼說：「街道上就可看到槍擊衝突，阿拉伯革命分子不只是對付英國人，還會攻擊拒絕罷工的人；在市集廣場就常有攻擊謀

殺，因為有些攤商想要結束罷工。」

革命分子的目的是要催逼英國託管地的掌權者改變想法。巴勒斯坦人認為只有英國人有權力可以改變現況。1920 年在義大利聖雷莫（San Remo）會議上，第一次世界大戰的戰勝國決定如何處置分配鄂圖曼土耳其帝國。法國和英國拿出在戰爭結束前就祕密談妥的協定，讓這些協定在此會議中正式通過。法國政府拿下敘利亞和黎巴嫩的託管權；英國則是拿下巴勒斯坦和美索不達米亞──也就是後來的伊拉克。

巴勒斯坦地區的阿拉伯抗爭在一開始時的確造成重大經濟損失，但是幾個星期後，英國人已經可以掌控整個局面了。英國人採用挑釁的策略來解決問題：英國人託管地政府加強雇用在巴勒斯坦的猶太人來取代那些加入罷工的巴勒斯坦員工和勞工。叛變者無力長期對抗龐大的英國行政機制，許多罷工者最後都必須面對經濟瀕臨破產的慘況。

1936 年 10 月罷工終於結束。雖然這次抗爭沒有獲得具體成果，但是這個第一階段的阿拉伯革命至少刺激英國人重新思考。英國政府想要追查這次叛變的根本原因，所以派遣了一個由威廉·羅伯特·皮爾伯爵（William Robert Peel）帶領的委員會到巴勒斯坦實地考察。委員會在 1937 年發表的調查報告中建議將這塊託管地分割：「在這塊面積狹小的土地上面，兩個民族之間僅僅隔著狹隘邊界，終究

皮爾委員會

難免爆發衝突。這裡估計約有一百萬的巴勒斯坦人和四十萬猶太人生活中有（公開的或隱匿的）衝突。兩個族群之間缺乏共同的基礎。阿拉伯族群和猶太族群之間的融合是不可能的。雖然國際上認可猶太人有回歸老家的權利，但是這並不表示也賦予猶太人權利，允許他們可以在違背阿拉伯人意志下來統治阿拉伯人。」

皮爾帶領的委員會建議重新劃分邊界：北方和其他地中海沿岸屬於猶太國，其他地區屬於阿拉伯國。而宗教聖地則繼續由英國託管機構統轄。猶太人和巴勒斯坦人都不滿意這項提議。尤其是這兩個族群對耶路撒冷舊城權利各自的堅持，成為未來數十年之間不斷爆發衝突的導因。

三教聖地耶路撒冷

為何耶路撒冷舊城對猶太人、基督徒和穆斯林如此重要？答案要從這三個一神論世界宗教（monotheism；希臘文的 monos 意謂「唯一」，theos 意謂「神」）的聖典中去找尋。這三個宗教的共同點不只是三者都信仰唯一的神；這三者的共同起源都在猶太人的信仰中。例如「亞伯拉罕」之名可以在猶太教的《妥拉》*、基督教的舊約聖經（這裡也包含了《妥拉》中的篇章）、和穆斯林的可蘭經中都可以找到。

這三個宗教的信徒都相信，上帝要求亞伯拉罕將他兩個兒子中的一位在山上獻祭給上帝。根據基督教和猶太教的信仰，這名要獻祭給神的兒子是以撒，根據可蘭經則是

*Torah：字意為「指引」，指導教徒生活方式，涵蓋猶太教律法及《摩西五經》。

21

以實馬利。猶太人在獻祭的地點建造了兩座聖殿，所以今天稱之為聖殿山。巴比倫人在西元前 600 年時拆毀了第一座聖殿，羅馬人在西元後 70 年時毀滅了第二座聖殿；今天猶太人到聖殿山的哭牆前禱告祈求，這座哭牆就是第二座聖殿的遺跡；哭牆之前的功用是聖殿平台的擋土牆。

穆斯林禱告的地方則是哭牆後面一處位置較高的地方，根據伊斯蘭教信仰，這個地點是先知穆罕默德升天的地方。帶有金色拱頂的圓頂清真寺（Dome of the Rock）和阿克薩清真寺（阿拉伯語 Al-Aqsa Mosque，原意是遠方的清真寺）都在聖殿山（阿拉伯語 Haram al-Sharif，原意是可敬的聖所）上。對基督徒而言，耶路撒冷最重要的意義在於這是耶穌在十字架上受難和復活的地點。

除了耶路撒冷之外，皮爾委員會 1937 年的報告中還建議將兩處基督徒朝聖之地伯利恆和拿撒勒交給英國人託管。根據基督教的記載，耶穌出生於伯利恆，在拿撒勒成長。1930 年代中期，這兩個地方住民以基督教信仰的巴勒斯坦人為多數。皮爾委員會估計，百分之八十的巴勒斯坦人會支持一個自治的阿拉伯國家。但是預定的阿拉伯國家區域包括了在南方的內蓋夫沙漠，而猶太國則是拿到北方豐饒的沃土。還有個最大的麻煩：在預定的猶太國土內還有二十五萬巴勒斯坦人。

從猶太人的角度來看，只分到一塊狹小的土地讓大家

很失望。但是 1937 年在蘇黎世舉行的第二十屆錫安主義者大會上，與會者還是通過了皮爾計畫。巴勒斯坦人對皮爾計畫的回應很快就出現了，1937 年 9 月，叛變人士在拿撒勒射殺了一位英國高級官員。這是巴勒斯坦阿拉伯人起義第二階段的血腥開場。接下來幾個月，抗爭者攻擊猶太屯墾區，破壞重要鐵道路線的鐵軌，引爆橋梁，搶劫英國和猶太人的車隊。

第二階段起義

英國人以嚴刑峻罰來回應抗爭行動。軍隊處罰暴動的方法是常常以集體連坐方式處罰所有巴勒斯坦人。從事農業的**莎哈爾·山姆哈**回憶：「有一天來了一群數百人軍隊，闖進我們的村莊；我從我耕作的山中看到山的另外一邊出現了士兵和坦克；英國人驅趕所有村民出來聚集，然後逐一搜尋清查村落。」

村民**夏里夫·哈米達**（Scharif Hamida）說：「英國軍人要搜尋的是革命分子。軍人對我們的態度也很粗暴；搜尋的第一天就殺害了六位村民，受傷者更多。其實這些殺戮和攻擊的對象都是白白犧牲了。叛變者已經早一步離開了，他們把我們村民拋棄在村莊裡自生自滅。」

英國軍人又到隔壁村莊搜尋**喬婕特·薩黛**（Georgette Saadeh）家族的房子。「從白天到夜晚我們都提心吊膽。三更半夜時英國軍人從街上看到我家客廳發出亮光，他們就叩門進來，仔細搜尋房子。但是士兵只找到我媽、我睡著

了的兄弟姊妹和我；我父親在海法過夜，他在那裡有律師工作，我們因此在那裡租了一間房子。英國士兵以為我們藏匿了革命分子。」

百姓的受苦是來自兩方面：其一是英國軍人富爭議的行動，其二是叛變者對待自己同胞的過程。伯利恆來的**艾蜜莉・札卡曼**回憶說：「我看到英國人和叛變者都心懷恐懼；叛變者全身包藏起來；英國人殘酷打壓革命者，很少活捉叛徒，通常是就地處決。英國巡防車在街道上常常巡邏，阿拉伯抗爭者是一間又一間的找人募款，用來支援與英國託管機構的抗爭。有時候阿拉伯革命者也會綁架人質，威脅家人付款來贖票。」

當地住民中有部分人對革命者的暴力行動抱持批評的態度。很快的還會出現其他讓革命者煩惱的問題。阿拉伯革命者之間並不是團結一致共同對抗英軍，不同革命團體之間其實沒有互相溝通。常見到的反而是彼此之間的競爭，不同的派系或家族之間的恩怨也會捲入其中。農村人口、都會居民、不同的宗教派系之間的隔閡也是問題的來源。在那個時候，大約每十位巴勒斯坦人才有一名基督徒，而百分之九十的比例是穆斯林。此外，也有與英國人利益掛勾，為英軍工作的巴勒斯坦人。

英國軍隊無論在經驗上、人力資源上或現代武器裝備上都遠遠超過叛變者。英國軍人日以繼夜仔細清查村莊和

城鎮，追捕叛變者，當眾處決他們。1930 年時，傳道者伊宰‧丁‧卡桑（Izz ad-Din al-Qassam）創立了一個伊斯蘭地下運動組織*，五年後英國人將他處決了。卡桑鼓動發起聖戰來對付猶太人和英國託管威權。四十五年後，有個極端的巴勒斯坦團體用此傳道者的名字來命名一個戰士團體為卡桑旅和卡桑火箭。

＊黑手武裝組織（al-Kaff al-Aswad）

　　儘管派系和宗族之間存在各種衝突恩怨，阿拉伯革命還是有位公認的領袖：在叛變團體頂端領導的就是穆罕默德‧阿明‧侯賽尼（Mohammed Amin al-Husseini）。英國人對他並不陌生，1921 年時英國人才任命他為耶路撒冷的穆夫提（Mufti）。穆夫提是在託管區中最高位階的伊斯蘭教的法學者，所以他對公眾的影響力深遠。1936 年「阿拉伯高等委員會」成員任命他為委員會主席。

　　1937 年 9 月爆發了第二階段的阿拉伯人叛變之後，阿拉伯高等委員會的所有委員和主席都列入英國拘捕的名單上。侯賽尼趁機逃亡，從國外發號指令。叛變一開始叛軍方面頗有斬獲，後來英國趕緊增派兵力。況且英國還有其他助力，英國允許猶太組職哈加納（Haganah；希伯來文原意是「捍衛」）裝備武器。在此之前，猶太屯墾區為了要防患阿拉伯人的攻擊，必須依靠哈加納武裝團隊的保護；但是武器必須由祕密的管道取得。獲得英國託管政府官方認可的哈加納團體，就是後來以色列國家軍隊的前身。

猶太地下武裝組織「哈加納」

1936 至 1939 年的阿拉伯人叛變讓英軍進入警戒狀態。照片是英國士兵於耶路撒冷在巴勒斯坦人身上搜尋槍械。

　　英國人和猶太人合作抵抗阿拉伯革命組織的行動中，扮演關鍵角色的是英國軍官奧德‧查爾斯‧溫蓋特（Orde Charles Wingate）。溫蓋特帶領英國人和猶太人合作的特種部隊，夜間搜尋巴勒斯坦叛軍，然後加以殲滅。從英國人的立場出發，與猶太戰士合作是有實際的好處。巴勒斯坦人最喜歡攻擊的目標是從伊拉克的摩蘇爾（Mosul）連接到巴勒斯坦的海法煉油廠的英國石油管線。溫蓋特的官方任務就是保護英國的「伊拉克石油公司」不受到外來的破壞。

猶太戰士們還有另外的目標：建立自己的國家；或
者，借用英國人在貝爾福宣言中的用詞「猶太家園」　　**猶太家園**
（national home for the Jewish people）。從巴勒斯坦革命者的
立場來看，1930 年代的抗爭並不是為了爭取獨立自主屬於
自己的國家，而是要阻擋建立猶太國的計畫實踐。巴勒斯
坦國族主義，也就是爭取一個獨立自主的巴勒斯坦國，要
再等數十年之久才會受到重視。在國族主義出現之前，許
多巴勒斯坦決策者還是期盼一個阿拉伯大帝國的出現，一
個遠遠超越巴勒斯坦邊界，北方通達敘利亞，而南方通達
埃及的大帝國。

猶太浩劫與逃難到巴勒斯坦

「我母親先遠行到巴勒斯坦一趟，看看我們是否可以在那裡生存下來。她回來後就只有簡單的一句話：『那裡不適合我們。』我父親也想要繼續留在德國。他才不擔心納粹問題。我父親和祖父都是投入第一次世界大戰的軍人——德國軍人。我現在手邊還保存一張我祖父戴上鐵十字勳章的相片，父親和祖父都認為自己是持有猶太信仰的德國人。我父親常說：『放心啦，我們不會有事的。』這也是許多猶太人的想法。」

卡拉‧皮爾佩爾（**Karla Pilpel**）和父母以及手足們住在柏林。希特勒奪權成功時她才兩歲，仇視猶太人的紐倫堡法案*通過時，她也才四歲。接下來發生的事情她已經夠成熟，可以牢牢記住至今無法忘記。多年之後卡拉心中只剩下唯一一個目標：移民到巴勒斯坦。

接下來在德國，粗暴侵犯猶太人的事件日益嚴重。從 1930 年代初期到 1937 年末這段時間，在德國定居的五十萬猶太人中，有十萬人離開這個國家。但是外移人口中大部分不是選擇遷移到巴勒斯坦，他們最喜歡的移民地是美國。在巴勒斯坦的猶太移民中人數最多的是來自波蘭。從 1930 年代初期開始一直到 1939 年底，巴勒斯坦的猶太族

* Nürnberger Gesetze：納粹德國於1935年頒布的反猶太法律，明訂德意志血統者不得與猶太人通婚、婚外性行為，並剝奪猶太人的德國公民權。

反猶太主義
Antisemitism

群人數急遽增加。1940 年在這塊土地上約有四十五萬猶太人和一百萬的穆斯林和基督徒。對照之下，二十年前這裡約只有六萬猶太人和五十萬穆斯林和基督徒。

卡拉‧皮爾佩爾保有一本相簿，其中放滿那段期間的文件：印有紅色 J 字母來代表猶太人的兒童證、信件和黑白相片。有張相片上是兒時的她坐在柏林動物園的長椅上。當時的告示牌子會明白寫著，長椅子「禁止狗和猶太人使用」。她那張相片是屬於她在柏林生活的最後一批相片之一。

反猶主義越演越劇烈，逃難的人數也急遽增加。美國總統羅斯福（Franklin D. Roosevelt）召開了一個國際會議。1938 年 7 月，三十二個國家的代表在法國的埃維昂（Evian）辯論是否可以放寬接受難民的額度。但是整個會議的結論只有兩頁，這就可以推測到結論，難民額度增加的提議果然未獲得通過。對於急著尋求救援的猶太人來說，真是晴天霹靂的打擊。

埃維昂會議

半年後，在德國的猶太人已陷入飽受生命威脅的緊急狀況中。單單 1938 年 11 月某一天晚上，納粹擁護者就摧毀了七千五百個店家和公寓，破壞了一千四百間猶太會堂和多處猶太墓園。住在波蘭羅茲（Lodz）城的**沃爾夫‧法克多（Wolf Factor）**回憶說：「水晶之夜（Reichskristallnacht）之後我就明瞭了。」波蘭的情況也像

水晶之夜

德國一樣，反猶暴行已經成了家常便飯。「我父親開始陪我
上學；不久之後，商店櫥窗出現這些波蘭文口號：『拒絕向
猶太人購物』、『這裡不歡迎猶太人』，或者『猶太人滾到巴
勒斯坦』。」這些煽動是針對三百三十萬波蘭猶太人而來。
　　當時還年幼的**卡拉・皮爾佩爾**親眼目睹納粹在柏林的
行軍大遊行。「有天趁著沒課的空檔我和另一位朋友走到

儘管在納粹德國的猶太人生命堪憂，1938 年於法國埃維昂開會的代表們對於猶太難民問題依然
沒有共識。

選帝侯大道（Kurfürstendamm），正巧就遇到了大遊行。我看到希特勒本人、武器和軍車。民眾舉手行納粹禮並且高呼：『勝利萬歲（Sieg Heil）！』我告訴我的朋友也要舉手行納粹禮；如果不跟著行禮會有生命危險。我回家後絕口不提這個空檔時間我人在哪裡。」

由於新情勢的演變，現在想逃難到巴勒斯坦幾乎不可行了。英國託管地政府阻止移民遷入巴勒斯坦，因為英國人和周遭的阿拉伯國家都認為移民進來是違法的。為了仲裁猶太人和巴勒斯坦人之間的糾紛，託管地政府在 1939 年 2 月和 3 月召開聖詹姆士宮會議（St. James Conference）。會議地點就在英國皇室同名的王宮中舉行，但是此會議並沒獲得預期成果。

接下來在 1939 年 5 月時，英國發表了白皮書，針對外交政策做官方說明：「英國王陛下之政府的目標是在十年內建立一個獨立自主的巴勒斯坦國，且與英國建立協約關係，協約內容要適當尊重簽約兩國的經濟和策略條件。」根據這個白皮書，巴勒斯坦國要同時尊重在此土地上居住的兩個族群。「在這個獨立國家，阿拉伯人和猶太人將會分擔政府責任，來確保每一個族群的重要利益。」

1939 白皮書

對尋求庇護的猶太人而言，白皮書讓人失望。只有「大約」七萬五千名猶太人允許在未來五年內移民遷入此地，但是被迫逃離納粹統治的人至少數十萬人以上。周圍

其他的阿拉伯政府也很難接受英國這份文件，因為那些阿拉伯國家根本就譴責猶太人的移民行動。白皮書雖然嚴格規範移民規則，但是在一定範圍內的移民可以取得官方的認可。

　　局勢變化很快，對許多猶太人而言，逃亡已經不可能了。第二次世界大戰很快就要爆發，許多國家已經封鎖邊界。**卡拉·皮爾佩爾**在柏林的父母替他們的女兒想到一個出路。「我七歲時，我父母說要將我們兄弟姊妹們全都送往英國度假。我聽了很驚喜，期盼假期趕快來到。在一個5月日子，我們一起搭車到車站。在那裡每個人都哭了，我實在不懂為什麼大家都這麼悲傷？我們不是要去度假嗎？」

兒童輸送

　　結果這樣的「兒童輸送」（Kindertransport）拯救了一萬個人的性命。在英國的看護父母準備好接待這些猶太兒童，通常沒有人會告訴孩子們，這根本不是度假。「到了英國，我們手足們就被分散送到各地，但是我和兄弟姊妹們仍然保持聯繫。我也與父母通信聯繫，但是後來就沒有他們的訊息了。」

　　1939年9月德軍侵入波蘭。對住在波蘭羅茲城的**沃爾夫·法克多**和家人而言，這是災難的開始。「隨著德軍入侵，也帶來一整套專門處理猶太人事務的統治機器。德軍占據的第二天，牆上就出現告示牌明確清楚地指示猶太人該如何舉止行動。先是從一連串的刁難開始，細節內容令

人難以想像；例如，晚上五點過後，猶太人不准在街上逗留。」

第二次世界大戰爆發後，巴勒斯坦的情勢也跟著改變。英國人嘗試腳踏兩條船的謀略：他們了解爭取阿拉伯人的支持很重要，否則再來一場 1936 年那樣的抗爭還是會陷入失控混亂的局面；獲得猶太人信任也很重要，因為猶太人自願到英軍中服役。當時英國每一名士兵都要好好把握，因為強敵德國的德意志非洲軍（Deutsches Afrikakorps；簡稱 DAK）正打算拿下巴勒斯坦南方鄰國埃及。

英國託管政權大舉擴張在巴勒斯坦的兵力。這樣龐大的士兵和武器動員帶給英國政府昂貴的負擔。巴勒斯坦民眾反而因此受益，因為英國軍人在當地消費，帶動外匯流通；這個地區因為英國駐軍而刺激了經濟成長。

在伯利恆的巴勒斯坦人**艾蜜莉·札卡曼**就經歷了她家中經濟好轉的經過。「英國人眼中只有一個敵人：希特勒。他們把巴勒斯坦建設成軍事基地，這就造福了當地商販，因為軍人會向他們購物。我家裡的經濟狀況也跟著好轉。在耶路撒冷許多巴勒斯坦人替英國軍事行政單位工作。以前在阿拉伯叛變時，常常聽到要求女人戴頭巾的聲音，現在這樣聲音也消失，一切都變為向錢看。」

大戰爆發迫使在巴勒斯坦的猶太人必須讓步妥協。

猶太事務局

英國在白皮書中表達的立場是反對猶太人自由遷入巴勒斯坦，但是同時也與迫害猶太人的德國作戰。戴維·本－古里安（David Ben-Gurion）主導世界錫安主義者組織和此組織在巴勒斯坦的代表「猶太事務局」（Jewish Agency），這位政治領袖喊出這樣的口號：「我們要幫助英國打戰，就好像沒有白皮書這件事；我們要反抗白皮書，就好像沒有戰爭這回事。」

巴勒斯坦人也第一手經歷了第二次大戰戰情發展的各種真真假假的政治文宣。1936 至 39 年間阿拉伯叛變的主導，巴勒斯坦人穆罕默德·阿明·侯賽尼，已經躲避英國的追捕逃亡出走。他出走到德國，1941 年 11 月與希特勒會面。我們找到有一份文件詳細記載會談情況：侯賽尼感謝希特勒「持續關切整體阿拉伯事務，特別對巴勒斯坦情況所表達的同理心……」阿拉伯人是德國人「天生的朋友」，因為兩者有共同的敵人，就是「英國人、猶太人和共產黨」。

巴勒斯坦人稱呼侯賽尼為哈只阿明（Haj Amin），「哈只」是阿拉伯語「朝覲人」之意，是給予已經到先知穆罕默德出生地麥加朝聖過的穆斯林的榮譽稱號。來自伯利恆的**艾蜜莉·札卡曼**回想：

「哈只阿明非常受人歡迎。我家房子對面有個販售電器用品的商人。店門口綁著一台收音機，只要哈只阿明說

34

話，店外頭就會聚集一大群人。人們彼此走告『賣電器把收音機拿出來了，我們過去聽』。阿明鼓動大家反抗英國占領者，他還說希特勒的軍隊就要來巴勒斯坦解放我們。可是我害怕德國人。聽人家說，希特勒會搜捕猶太人然後殺害。伯利恆人說：『我們也在名單上，解決了猶太人之後，希特勒也會殺害我們阿拉伯人。』」

耶路撒冷大穆夫提穆罕默德·阿明·侯賽尼於 1941 年與阿道夫·希特勒會面。這位巴勒斯坦人被英國政府通緝，流亡至柏林。

**萬湖會議、比特　　　**納粹屠殺歐洲猶太人的大浩劫已經迫在眉梢。1942 年
摩會議　　　　　1 月在柏林的萬湖會議（Wannseekonferenz）中，納粹黨人
討論他們的罪行規畫。5 月時，世界錫安主義者組織的成
員在紐約比特摩飯店（Biltmor Hotel）開會。他們要求儘
速簡化猶太人移民巴勒斯坦的程序。比特摩計畫（Biltmore
Program）提到：「這個會議要求敞開巴勒斯坦的大門」。巴
勒斯坦應該成為「猶太國家組織」。我們想要將「希望和勇
氣」的訊息傳送到各地的「猶太人聚集區，和受希特勒掌
控的歐洲地區所設立的集中營」。

　　出身於波蘭羅茲的**沃爾夫・法克多**卻無法收到這樣的
訊息。1940 年時他和家人已經被困在對外完全封鎖的猶太
人居住區。他的父親因為服錯藥而死於肺部感染之後，他
也於 1944 年 8 月被迫離開猶太人居住區。納粹將他和他家
人移往集中營。

奧斯威辛集中營　　「我、媽媽和我妹妹一起到達奧斯威辛（Auschwitz），
納粹武裝親衛隊的人上來將我們隔開。我遠遠地看著我媽
和妹妹被帶走。隔天我就聽說這些被帶走的人全部都在半
小時後在毒氣室中身亡，而且遺體當天就焚化了。武裝親
衛隊的人認為我的狀況適合勞動。我必須脫光衣服，剃掉
毛髮，所有個人物品都被拿走。幾個小時的時間，就可以
讓一個人變成牲畜，無名無姓，毫無留下任何一絲人格個
性的痕跡。」

沃爾夫‧法克多被派往勞改營，在那裡看顧牲畜。「馬匹們都有自己的名字。有匹馬叫小白花，另外一匹叫野玫瑰，很美的名字啊。每天的勞動從清晨四點到一直到晚上十點。我在勞改營待到 1945 年 1 月 19 日。然後聽人說俄國人已經突破前線防禦了，需要有人來『救援』我們。」

納粹所謂的「救援」其實是指死亡行軍。1945 年 1 月時，沃爾夫‧法克多被迫要從奧斯威辛行軍到布亨瓦德（Buchenwald）。「我們大家在總車站集合。每個人分到一條麵包；氣溫是零下十二度，而我們身上穿著囚犯睡衣和木鞋。離開奧斯威辛時我們人數約有五千人，到達布亨瓦德時只有六百人倖存。其他人在路途上不是被射殺，就是衰竭倒地；那些實在走不動的，後腦勺就會吃上一槍。」沃爾夫‧法克多在布亨瓦德集中營一直待到 1945 年 4 月才被釋放。「在布亨瓦德每天的食物配給是一百五十公克的麵包和一些勉強稱為咖啡的飲料；營裡面死了一大堆人。」

死亡行軍

經過了猶太浩劫之後，沃爾夫‧法克多已經一無所有。「我的家族有一百二十三人，浩劫之後只有兩人倖存。」納粹對猶太人大屠殺的犧牲人數高達六百萬人。受難者中還包括**卡拉‧皮爾佩爾**的父母，而卡拉人於 1939 年經由兒童輸送從柏林逃出到達英國。

「我的父母非常堅強；那天他們到車站送我們離去時，他們心裡掛念甚麼呢？我從來不曾向他們道別，一直到今

天我都無法原諒自己。那個時候我怎麼知道，我從此無法再見到他們了。那天在車站，我母親跟我聊了一些那時候讓我興致勃勃的話題，我當時才七歲，我母親說：『我希望妳能夠知道，小嬰兒不是送子鳥叼來的，而是從媽媽的肚子出來的。』我想我母親當時心裡有底，她永遠不會再見到我了。」

第二次世界大戰趨近尾聲，而倖存者、亡者的親屬、受傷者、加害者和受難者也流離失所，奔走在逃亡的路途上，但是何處是歸途？對許多猶太人而言只剩下一個目標：非法移民進入巴勒斯坦。移民的希伯來文是「阿利亞」（Aliya），意思是「上升」，意思指的是在聖殿遭到摧毀前，要去朝見聖殿時必須往上走到耶路撒冷城高處的聖殿所在地。「阿利亞」一詞早就用來指稱在 1880 年起的第一批猶太移民浪潮了。

英國託管地政權還是抱持反對移民的立場。不只是猶太浩劫的倖存者渴望移民，錫安主義者的青年團體也鼓吹移民到巴勒斯坦，徵募願意到吉布茨（Kibbuz）集體社區過生活的人。吉布茨是一種位於鄉間的社區，在此生活和工作都是奉行人人平等的原則。這裡沒有私人廚房，而是大家共用食堂。遇到節慶，吉布茨成員會大家一起慶祝。這個充滿理想主義的計畫中，物質性的東西沒有什麼重要性；人人平等，沒有人享有特權。

這樣的理念說服了**寶麗娜・李維薛茲（Pauline Livschitz）**，她成長於蘇格蘭的格拉斯哥（Glasgow），那裡籠罩著一股「濃厚的反猶主義氛圍」。「我母親很早就過世了，我和我哥哥決定不要留在英國，我們投入了一個錫安主義運動團體。此團體的領導者們跟我們談到巴勒斯坦，也教我們希伯來文。我們後來和一群大約有四十名青年一起住在英格蘭南方的一座農場上。大戰爆發後，我哥哥去加入英國陸軍；大戰結束後，這個錫安主義運動團體的領導們跑來問我們是否已經準備好要移民到巴勒斯坦。」

　　寶麗娜出走的路徑就是當時典型的代表。從法國出發搭船越過地中海到巴勒斯坦。「我們搭上一艘叫做雅古爾號（Yagur）的漁船。八百名乘客全擠在一間狹隘的房間，其中有孕婦，老人和兒童。我真不知道這艘船是如何抵達巴勒斯坦的。海上狂風暴浪，大家全部暈船，船裡面臭氣沖天。我一開始就認為：『如果待在甲板下面我一定撐不下去。』我找到廚房幫忙的工作。我們煮湯和烹調馬鈴薯。然後有一艘英國軍艦攔截我們的漁船，在海法港口我們必須離開船上岸。英國人在帳棚裡對我們噴灑消毒劑，然後帶我們到另外一艘名為帝國號的船。」

　　英國艦艇深諳難民逃亡的路徑，有辦法在半路上就攔截許多逃向巴勒斯坦的猶太人。1946 年 8 月起，英國官員在塞浦路斯島上設立多處拘留所，用來羈押猶太移民。寶

塞浦路斯拘留營

麗娜就是第一批被羈押於此的難民。「我完全不知道接下來會發生甚麼事。我真是嚇呆了。後來就來了更多船和更多難民。」

英國軍人監管這個拘留營，營地周遭以鐵絲網圍繞保護。被羈押的難民睡在帳篷裡或拘留所裡面。寶麗娜回憶當時情況：「我在營地根本不說英文；我怕他們會將我遣送回英國。」每天都有新的難民來到塞浦路斯島上，到 1946 年底為止大概已經有兩萬五千人，營地狀況也急速惡化。「食物很可怕，很多人都病倒了；營地工作人員中有的是塞浦路斯當地人，他們在寬大的褲子中藏了水果，偷偷帶來給我們吃。」

巴勒斯坦陸地上的新鮮事很快就傳到在塞浦路斯的拘留營。滲透到島上的哈加納軍人帶給居民外界消息。時間一久，在營區中也出現活力充沛的社群生活。第一年就舉辦了八百次婚禮。**尤夏南‧榮（Yochanan Ron）**回憶：「我很驚訝在帳棚和軍營中還有學校，一座猶太會堂和一間劇院。」尤夏南戰後與他父母一起從羅馬尼亞逃到保加利亞，再從那裡搭潘尼歐克號（Paniok）駛向巴勒斯坦，然後就遇到英國戰艦扣留難民船。「英國人還好相處。英國士兵會從圍籬給營裡的小孩糖果，他們人很好，不過這畢竟還是拘留營啊。」

英國當局會根據 1939 年白皮書定的配額發放移民證

書。每月可以有一千五百名猶太人合法遷入巴勒斯坦，如果猶太事務局願意出面施壓的話，其中一半的名額可以提供給來自塞浦路斯島上拘留營的難民。

寶麗娜・李維薛茲六個月後拿到移民證書。「我們先在阿特立（Atlit）待上一到兩天，然後有人來接我們到一處吉布茨。」阿特立是英國當局設立於巴勒斯坦的難民營，周圍環繞守望塔和三層鐵絲圍籬。」阿特立就在海法的附近，直接靠近地中海海岸，但是這裡很快就會人口爆滿，情況不樂觀。

塞浦路斯拘留營和阿特立的惡劣狀態並沒有嚇阻猶太人繼續闖關入境的計畫。逃往巴勒斯坦的難民潮人數每天都在增加。同時，猶太地下組織也去攻擊英國人和巴勒斯坦人。「國家軍事組織」（Irgun Tzwa'i Le'umi），簡稱伊爾貢（Irgun）或 Etzel＊，就是其中最活躍的團體。這個運動的標誌清楚指明，他們要奮鬥爭取的區塊在哪裡。他們的標誌上的背景是當時巴勒斯坦和大約旦地區的地圖，前景是伸出來的一隻手握住一把槍。1943 至 48 年期間，梅納赫姆・貝京（Menachem Begin）是此組織的領導人，三十年後，他成了以色列的總理。

亞伯拉罕・巴蘭姆（Abraham Bar-Am）是這個被英國當局視為非法的組織中最年輕的成員之一。「國家軍事組織」非常需要兒童和青少年的投入，越年輕的成員，英

國家軍事組織／伊爾貢

＊ 伊爾貢：希伯來語「組織」之意。Etzel 是此組織希伯來文的縮寫。

國當局就越不易起疑。巴蘭姆十二歲時就加入國家軍事組織。「我幫忙貼海報，運送武器到各地；我們兒童可以當信差傳達訊息，包括傳達命令」

大衛王酒店爆炸案

1946年7月時「國家軍事組織」成員炸毀了座落於耶路撒冷的大衛王酒店（King David Hotel）南棟的英國託管政府總部，死亡人數高達九十人以上；大部分的罹難者是平民。1946年10月時，「國家軍事組織」再度用同樣手法攻擊在羅馬的英國大使館。英國警察在巴勒斯坦搜捕「國家軍事組織」成員，提供懸賞獎金。1947年7月的一張懸賞海報上出現**約瑟夫‧納赫米阿斯（Joseph Nachmias）**的相片：「不變的特徵：右前臂上和右耳下方都有疤痕。」

為什麼英國當局要找他？約瑟夫‧納赫米阿斯說：「我們這些『國家軍事組織』的戰士不容易拿到武器。我同時也任職於英國軍隊，可以幫點忙。這是危險的行動，抓到的話可能會被判絞刑。我設法查出英國人在軍營中儲放武器的地方，包括衝鋒鎗、機關槍、手榴彈或彈藥，這些都是我們迫切需要的。我指導其他『國家軍事組織』的戰士，教他們如何佯裝成英國軍人。然後我們穿著英國軍人制服進入營區，尤其要把握利用軍人在食堂用餐的中午時間；如果有人問起，我們就回答說我們接到命令要去年取出武器。萬一被抓包，我們就得拼出一條出路逃出營區，常常得付出血肉生命的代價。」

「國家軍事組織」的高度機密行動犧牲了許多平民的生命，特別是英國設法消弭 1936 年到 1939 年巴勒斯坦叛變的那場戰鬥。「國家軍事組織」的炸彈爆炸的地點包括在耶路撒冷、雅法（Jaffa）和海法的阿拉伯市集，火車、巴士或咖啡屋。亞夫拉罕‧史坦（Avraham Stern）認為「國家軍事組織」採取的行動還不夠。他在 1940 年時創立「以色列自由戰士」（Lohamei Herut Israel；簡稱列希〔Lehi〕），英國人和巴勒斯坦人稱呼他的團體為史坦幫。

英國人漸漸失去對託管地的掌控能力。軍隊運作機制需要錢，但是英國政府也迫切需要用錢在戰後重建的大英母國本土。終於 1947 年 2 月時英國政府投降了，將巴勒斯坦問題轉交給聯合國。聯合國大會設立了一個調查委員會來研擬巴勒斯坦未來願景的提議，就是 UNSCOP，聯合國巴勒斯坦特別委員會（United Nations Special Committee on Palestine）。

聯合國巴勒斯坦特別委員會 UNSCOP

當聯合國特別委員會來到巴勒斯坦勘查實況時，這段期間在塞浦路斯的拘留營收容人數已經達到飽和。1947 年夏天，四千五百名猶太人從某個法國海港登上了一艘退役的美國遊覽船。哈加納組織買下這艘船，橫越大西洋運送過來，再進行改裝來適用於新任務。這批法國難民沒有人可以預見眼前的旅程會成為歷史上的傳奇事件。這艘名為「出埃及」（Exodus）的船在 1947 年 6 月 10 日下海啟程。

出埃及 1947 號

「我們睡在狹窄的板子上，頭部緊挨著。從旅程一開始，英國人就緊追著我們的船。我們知道這趟旅行困難重重。哈加納的想法是想突破英國人的圍堵。哈加納知道在以前英國人都是將難民帶往塞浦路斯島，但是現在島上已經沒有空間可以收容難民了。」這是**席拉・班・耶胡達**（**Schila Ben Jehuda**）的回憶，她先從她的家鄉倫敦來到法國。她告訴她父母，她在巴黎的某個美國機構找到工作。她不希望因為她的移民巴勒斯坦計畫而引發家中的不安。

出生在波蘭的**艾利克斯・歐利**（**Alex Orli**）回憶起在船上的經驗：「出埃及號載滿了人，船上的住宿條件不太好，但是上了船的人都非常開心，因為我們終於航向巴勒斯坦了。很多人是直接從集中營、從猶太居住區和難民營中釋放出來。」艾利克斯沒有父母相伴而行。他母親在猶太浩劫中遭到殺害，他父親身為波蘭軍人在第二次世界大戰殉職；波蘭出生的他和他的姊妹靠著躲藏而逃過一劫。

抵達巴勒斯坦之前，英國軍方設法靠近出埃及號。艾利克斯・歐利說：「英國人想要攔截我們的船，我們就想盡辦法抗拒。我們沒有武器，可以用來防衛的就是我們儲放在船上的食品罐頭。兩艘船將我們包圍住；我們的船是木造的不太穩定，所以我們也只好放棄反抗。有更多的船前來護送我們到海法。大家的情緒跌到谷底，就在快要接近目標的最後關頭，我們所有的盼望都落空了。」

出埃及號抵達海港城的消息很快就傳開來。兩位穿西裝的男人就在離這艘船幾公尺處觀察整個過程，來自瑞典的艾米爾‧桑德斯特倫（Emil Sandström）和來自南斯拉夫的弗拉迪米爾‧西米斯（Vladimir Simic），兩位都是「聯合國巴勒斯坦特別委員會」的成員。特別委員會提出的建議，原定在 11 月的會員大會中交付表決。但是英國軍人沒辦法等到那個時候，出埃及號的乘客要求立即入關。

來自海法的巴勒斯坦人**莫里斯‧塔巴拉尼（Maurice Tabarani）**聽到難民船的消息，想要親眼目睹這件事情的發展。「我看見出埃及號抵達港口，但是我幾乎看不到猶太移民。他們是晚上上岸，但是很快就離開繼續下一個行程了。來自德國的一家猶太人搬進與我家同棟房子裡面的一間公寓，我們成了朋友。這個時候我沒有想到土地分割的事，也沒想到戰爭。」

出埃及號上的乘客**艾利克斯‧歐利**擔心的是其他的事。「我們必須在海法港口轉乘登上另一艘英國運輸船，但是許多人拒絕聽命行事，英國軍人只好把我們扛起來移動。然後英國人把我們帶回法國，在法國時，我們的領導者要求全部的人都不准離開這艘英國運輸船。其實我們根本不需要有人下令，大家早就有志一同，拒絕聽從英國人的指示。我們要讓英國人看到，我們每一個人都不會放棄。英國人威脅要將我們送回德國，但是我們堅決留在船

綠洲行動／英國遣返出埃及號猶太人

上。」

　　出埃及號上難民的命運引發全球的關注。紐約時報在頭版報導難民船抵達巴勒斯坦的消息。1947 年 7 月 22 日當天報紙刊登了一張聯合國委員會成員在海法港口的相片。報上的一篇文章中引用了巴勒斯坦的猶太事務局的立場：「猶太人進入巴勒斯坦的奮鬥會繼續持續下去。」

　　但是英國人也很堅持他們的威脅恐嚇。載著出埃及號難民的英國運輸船駛離法國港口，1947 年 9 月 8 日抵達德國漢堡。猶太難民先是安置在安姆斯導（Am Stau）和波本多夫（Pöppendorf）的難民營，兩個地點都位於德國戰後的英國占領區。從這裡開始，許多出埃及號難民再度啟程，踏入他們第二次奔向巴勒斯坦的路。

　　美國作家里昂・尤瑞斯（Leon Uris）將難民船的故事寫成小說，不僅成為暢銷書，而且有三十種語言的譯本。不久之後也接著有出埃及號的電影製作*，觀眾很快就在大銀幕上看到保羅紐曼（Paul Newman）飾演的猶太難民。

　　出埃及號乘客**席拉・班・耶胡達**熟悉這部小說和電影：「感人的電影、精采的小說，裡面有許多是真實的，有許多是虛構的。有幾個場景非常逼真，但是大部分還是典型好萊塢式的風格。我多希望自己就和保羅紐曼一起出現在電影裡，誰不這麼想呢？不過事實既不唯美浪漫，也不英勇壯烈，事實就是徹底的絕望。」

難民船「出埃及號」在 1947 年引發全球關注。英國當時治理巴勒斯坦，卻拒絕猶太人移進入這片土地。才剛抵達海法港口的乘客，被迫要轉乘英國船送回出發地。

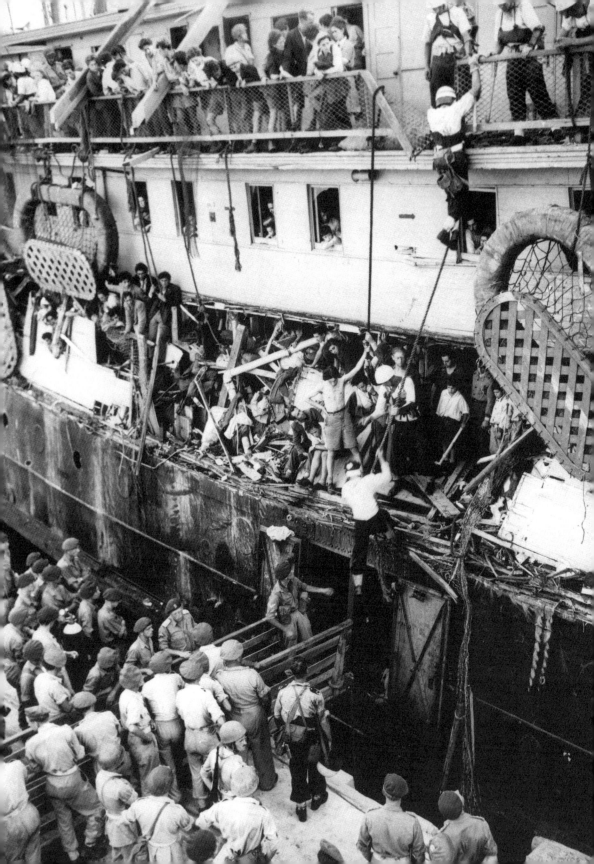

購買逃難船是一種策略，規劃建置一條安全抵達碼頭的逃難路徑又是另外一種挑戰。地下組織布利察（Bricha，希伯來語「逃難」）負責後面的任務。這個組織在第二次世界大戰之後幫助大約二十萬猶太人逃離東歐，奔向巴勒斯坦和其他目的地。他們建立了一個涵蓋了半個歐洲範圍，由聯絡人和協助者組成的網絡，這個組織的成員必須製作假護照，提供飲食和衣物給難民。

巴魯克‧舒博（Baruch Schub）就是靠布利察之助才得以逃亡。他曾在波蘭地下組織反抗納粹。「我們不是軍隊，無法和納粹正面相抗。但是我們可以趁著夜晚破壞電報天線、橋梁和鐵道交通。」戰後他想要移民巴勒斯坦。「納粹殺害了我三十多位親人。我現在要如何活下去呢？這可是個很現實的問題。我有兩種選擇：留下來在東歐共產主義蘇聯政權下重新出發，或者逃出去。但是要逃往何方？我聯繫上布利察，拿著偽造的護照我們一路逃到羅馬尼亞。我們佯稱自己是希臘的猶太人，正從集中營出來要回家鄉的路上。但是我們不懂希臘文，一路上還遇到真正的希臘人，我們得小心翼翼保護我們的偽裝不被識破。」

巴魯克‧舒博的逃難路線經過羅馬尼亞抵達匈牙利和奧地利，從那裡步行越過阿爾卑斯山到達義大利，搭上派特拉二世號（Petra II）到巴勒斯坦。「七天之後，大約凌晨一時到二時我們抵達海灣。哈加納組織的猶太軍人已經在

那裡等候我們。我們必須趕快離開到他處，因為隔天早上英國人一定會在岸邊搜尋非法入境的移民。隔天我被安置在提比里亞（Tiberias）附近的吉布茨中。這個逃亡整整花了五個月。」

沃爾夫·法克多經歷了在羅茲城的猶太居住區和在奧斯威辛集中營的體驗，也決定前往巴勒斯坦。他和一位女子帶著偽造的文件從日內瓦搭飛機出發。女子偽裝成母親，而他偽裝成兒子。這份文件通過了巴勒斯坦機場的海關檢查。「我們坐進計程車，直奔特拉維夫。車子裡面還有兩位美國觀光客，也是猶太人。我的同行者一路演戲得很成功。等到機場出了視線之外，她在計程車內就哭泣起來。女性觀光客也跟著哭泣起來；她了解這是怎麼一回事，但是她丈夫不知道。男人驚訝地看著自己的妻子，她告訴他：『你難道不知道嗎？他們才剛剛到達，這些人是猶太浩劫的倖存者。』」

這些移民帶來的消息和故事讓許多在巴勒斯坦生活的猶太人震驚。「從新聞中可以看到相關報導，但是沒有人相信。每個人都有在德國和波蘭的親屬。大家可以看到我們，摸到我們之後，才開始明白到底發生什麼事情了。我們是活生生的見證。」沃爾夫·法克多認為猶太浩劫的經歷和回憶拉大了新世代和舊世代移民之間的距離。「新移民和早幾年前就來的舊住民之間出現了鴻溝。」

還有 1948 年以色列建國之後才遷入的那批移民，他們
與舊住民之間的差異更大。他們既不是從某個國家被驅趕
出來，也不是因為理想主義而移民。他們只知道以色列，
這是他們的家園。他們的名字是 Sabre 那是希伯來語＊，意
思是刺梨，這是在以色列長出的一種仙人掌；這種植物的
果實可以食用，裡面是甜的，但是外表多刺。

卡拉・皮爾佩爾可不是刺梨，反而是所謂的 Jecke，就
是德裔猶太人。很快地她就將會屬於新移民。她現在還住
在英國。與父母離別之後，也告別兒童輸送之後，她在英
國很難適應。「有些人問我，是否想要在學校裡可以創立
一個錫安主義的青年團體。我就這樣一夕之間成了錫安主
義者。我們住宿帳篷，還舉辦晚間演說。透過錫安主義運
動，我為自己未來在吉布茨過鄉間農家的生活做準備。」

許多猶太浩劫倖存者認定巴勒斯坦是唯一的選擇。**烏
利・查諾克（Uri Chanoch）**從達豪集中營（Dachau）倖存
下來，囚犯編號 85133。「我身心嚴重受創。我根本沒有童
年。我無法笑出來，也無法哭出來。我所有的內在都崩毀
了。經歷了這些之後，我對一切都不再信任了。能擁有自
己的家園對我變得非常重要。我可以感受到自己屬於這個
地方。我愛這片土地，因為這土地給我安全感，這種安全
感是兩千年以來猶太人所沒有的。」

「如果我能從這裡活著走出去，我只會前往一個猶太

家園。」**沃爾夫・法克多**當時下定決心了。布亨瓦德集中營獲得解放時，他只有三十二公斤重。醫生診斷他有早期的肺結核，讓他在瑞士一家醫院接受治療。之後他到巴塞爾的科技大學讀書。這裡常見反猶主義：「以前只要有任何對我的猶太身分的愚蠢評論，就會讓我不知所措。現在我會說：『你經歷了這些之後，反猶主義已經對你不再是困惱了。』我不太清楚到底在巴勒斯坦發生了什麼事，也不知道一個逃出德國毀滅營的難民可以有哪些期盼。但是，我不需要更多的理由。」

卡拉・皮爾佩爾也是同樣的看法：「在德國我是一位『受咒詛的猶太人』，在英國我是『該死的猶太人』。在學校別人一再告訴我，我將耶穌釘上十字架。我只希望到一個地方過日子，我在那裡不用再為自己是猶太人而感到羞恥。」

米歇雷姆・薛希特在 1930 年代因為宗教的理由而移民巴勒斯坦，他一再請求他在波蘭的家人也跟著過來。「我是我家中唯一在以色列的人。我父親死時四十九歲，我母親死於四十七歲。我的七位兄弟姊妹都過世了。我全家人都在集中營中受害，我是唯一倖存者。」

分割巴勒斯坦，以色列建國，以及第一次以阿戰爭

1947 年 11 月的最後幾天，艾利克斯・歐利處在盟軍占領的德國一處難民營中。這位波蘭猶太人幾個月前才試圖逃出難民營奔向巴勒斯坦，但是沒成功。距離德國難民營三千公里以外的英國託管地巴勒斯坦，也因為猶太浩劫和第二次世界大戰的緣故，情勢有了變化。現在約有六十五萬猶太人和一百二十萬巴勒斯坦人住在巴勒斯坦地區。一個聯合國的特別委員會已經勘查了當地情況，1947 年 8 月時提出了兩項建議：少數幾位委員建議設立一個巴勒斯坦聯邦國家，其中涵括了阿拉伯邦和以色列邦，耶路撒冷城做為兩個邦的共同首府。

但是，大多數聯合國委員認為更適合來解決巴勒斯坦衝突的卻是另一項觀點完全不同的提案：他們建議將英國託管地分割為一個猶太國和一個巴勒斯坦國。顧及猶太人、基督徒和穆斯林都想到耶路撒冷朝聖，所以耶路撒冷城應該歸屬於國際管轄。這些聯合國委員認為，這項提案才是對巴勒斯坦人和猶太人都算公平正義的解決之道：「這兩個民族的歷史源頭都來自巴勒斯坦，兩個民族也對這塊土地上的經濟和文化生活的存續做出重要貢獻，這些都是不可否認的事實。提出將此土地分割成兩國的方案，已經

充分考量到這些因素。」

　　阿拉伯國家反對這項分割兩國的提案；而在巴勒斯坦的猶太人代表猶太事務局卻願意正式接受這項提案。不過最後的選擇卻不是由猶太人、穆斯林或基督徒族群來決定。分割國土的提案是否通過，必須交由聯合國大會來表決。

　　聯合國大會在 1947 年 11 月 29 日那天做出最後決議，在德國境內的英國占領區，艾利克斯・歐利繃緊神經等待最新消息。1947 年夏天時，英國士兵攔截了難民船「出埃及號」上包括艾利克斯・歐利在內的四千五百多名乘客。英國方面當時認為移民到巴勒斯坦是非法的。現在只有聯合國的決議可以改變情勢。

　　表決的消息很快就傳到艾利克斯・歐利耳中：三十三位聯合國會員國贊成國土分割提案，贊成的陣營包括法國、蘇聯和美國。投反對票的有十三個國家，包括巴勒斯坦周邊的阿拉伯國家：埃及、黎巴嫩、敘利亞。這個地區的殖民母國——英國——則棄權。這樣還是達到了決議所需要的三分之二多數票。

　　艾利克斯・歐利曾經是「出埃及號」上的乘客，這個決議的消息對他而言是夢想成真。「我們從收音機中聽到聯合國決議的消息，難民營中大家熱切慶祝。這真是天大的喜訊。我們終於可以獨立建國了，英國人無法再阻擋我們

巴勒斯坦分割方案／聯合國大會181 號決議／1947 年聯合國分治方案

53

了。」

　　為什麼多數的聯合國會員國贊成分割巴勒斯坦的提案？背後有不同的考量：對於天主教國家如法國、波蘭或巴西而言，國際共同管轄耶路撒冷這件事特別重要；這樣才能長期保證基督徒能夠自由進出舊城的聖墓教堂（Church of the Holy Sepulchre）、橄欖山和其他朝聖地點，就不需要倚賴猶太人和穆斯林的善意了。

　　但是對美國而言，這個選擇其實是勉為其難的決定。美國要考量與阿拉伯國家的關係，而所有阿拉伯國家都反對國土分割提案。美國是石油進口國，美國政府非常需要與阿拉伯世界的領袖保持良好關係。從軍事的角度來也不支持這個提案。美國軍方估計過，若要維持巴勒斯坦區域分割後不致陷入混亂脫序，至少需要十萬美軍駐守在當地。

　　基於內政和外交的考量，美國總統杜魯門（Harry S. Truman）選擇支持分割的主張；美國此時正遇到總統大選的敏感時刻，尋求連任的杜魯門正積極尋求選票支持。他希望在伊利諾州和紐約州得到多數票支持，而那兩州居民中有許多猶太裔美國公民。外交政策方面，那時候正是冷戰開始的時期，美國與史達林領導的蘇聯之間的衝突張力越來越激烈。一個新的猶太國家誕生將會是美國在近東地區重要的軍事和經濟夥伴。

　　蘇聯方面也希望找到新的結盟夥伴。蘇聯的盤算是，

如果出現一個親共產黨的猶太國，將可以阻擋美國打算在這個地區推動的計畫。

促成聯合國決議的最關鍵因素是猶太浩劫。分布全球約有一千七百萬猶太人，而在浩劫中被殺害的猶太人就高達六百萬人。這讓許多聯合國會員國無法輕易忽略建立自主獨立猶太國的訴求。

約瑟夫·阿南在巴勒斯坦等待聯合國決議。1933 年他還年幼時就隨著家人離開德國。不過，聽到聯合國決議的好消息而來的歡慶時刻卻維持不久：「我當時是海法的大學生，當地舉行大型狂歡的慶祝活動。我們都上街歡慶和舞蹈去了。隔天我還要考有機化學的碩士資格考試。筆試的時候我就聽到外頭傳來槍擊聲，在海法已經出現武裝衝突了。頒給我碩士學位證書的單位是猶太事務局、英國託管地政府和就讀的大學。取得碩士學位後我就直接去從軍。從我的記憶看來，聯合國決議發布之後，戰爭也跟著啟動了。」

有些人將這時候出現的衝突稱為內戰，另外有人稱之為游擊戰，因為是武裝的猶太和巴勒斯坦族群互相對抗。從 1947 年 11 月底的聯合國決議持續到 1948 年 3 月中旬這段時間，猶太和巴勒斯坦族群雙方就犧牲了數百名市民、軍人和游擊戰士。一連串炸彈攻擊、針對公車、針對猶太屯墾區和巴勒斯坦村落的攻擊事件等震撼了整個地區。聯

合國決議之後，頻繁出現在日常生活中的恐怖事件讓巴勒斯坦地區兩個族群的生活反而變得更加艱險。

1948 年 4 月，還在聯合國決議之後的第一階段，所有巴勒斯坦人都拿起武器來捍衛家園。他們反對國土分割成兩個國家，周遭的阿拉伯鄰國也支持他們的抗爭。阿拉伯國家聯盟（Arab League）──1945 年 3 月才成立的近東國家的聯盟──也派遣自願軍隊到巴勒斯坦援助。法齊·卡武齊（Fawzi al-Qawuqji）率領了六千名戰士組成的阿拉伯解放軍參戰。

阿拉伯解放軍參戰

從 1948 年 4 月到 5 月中旬，猶太人團體哈加納和猶太地下運動組織也開始反擊。他們攻擊的目標是座落於特拉維夫和耶路撒冷之間重要通路兩旁對方陣營的村落。此外，猶太戰士們也攻奪在聯合國決議中預定規劃交給猶太人居住的城鎮。這些城鎮原來的巴勒斯坦居民只好倉皇逃難，或者被侵入者強制驅離。

儘管當時許多國家公開禁止軍火交易，但是私底下還是有越來越多的武器流入近東地區。二戰結束後的歐洲簡直就像一個大型但停擺的軍械火藥倉庫，而在近東的猶太和巴勒斯坦陣營都對武器有極大的需求。英國當局已經計畫從巴勒斯坦撤出軍隊，可以預見當地衝突的局面只會越來越惡化。英國內閣也決議要從此區域全面撤出，預計1948 年 5 月中旬之前，就要撤離所有的軍人和官員。

四月初時，猶太自治會的主席戴維‧本－古里安心裡有底，接下來要面對最惡劣的挑戰。「5月15日是英國託管政府正式告退的日期，這天之後，巴勒斯坦地區就曝露在阿拉伯國家火力全開的攻擊風險中……周圍的阿拉伯國家起碼都有自己正規培訓的陸軍，有些還有航空戰力，埃及也有海軍。簡而言之，我們面對的是攸關民族命運的挑戰，比起我們過去一千八百年來遭遇過的所有難關，眼前這個挑戰更是生死存亡的關鍵。」

　　戰爭將至，猶太社群開始作好準備。**席拉‧班‧耶胡達**之前試圖移民進入巴勒斯坦已經失敗了一次，這回是她第二次嘗試。這回闖關成功了，很快地搬進吉布茨，也找到工作，這可是不容易的事。「我們要說服農民允許我們為他們工作。大部分的農民喜歡雇用阿拉伯勞工；阿拉伯勞工薪資低廉，而且手腳非常勤快。我們不可能與他們競爭。工作機會是要奮力爭取才能獲得。我和一位女友在蔬菜採收的場子幫忙，雜草生長快速，我們根本來不及剷除。有一天農民老闆告訴我們：『很抱歉，你們都是很優秀的女孩，但是我一直在虧錢，那就只好說再見了！』」

　　1948年初席拉獲得新的工作機會。「不過沒有人告訴我到底這是怎樣的工作，只有等我來到吉布茨才知道。我被分派到地下彈藥工廠工作。不久之後我就站在洗衣店內一具龐大的洗衣機前。把巨大機器移開後，可以看見一個

帶有梯子的洞口。工人陸續從洞口爬出來，彷彿從地獄裡面走出來。他們滿身汙穢，眼眶發黑，原來是夜班的工人。我爬下梯子就看到工廠、桌子和舊機器。」

英國託管政權結束

1948 年 5 月 15 日那天，英國託管政權正式結束。但是那天剛好是星期六，是猶太日曆上每一周的第七天，這對本—古里安來說就麻煩了。每星期的猶太安息日是從周五日落開始一直到周六的日落，安息日的時間不適合來公開呼籲啟動猶太建國的大業。嚴格遵守教義的猶太人在安息日這段不工作的時間內也不開車，不打電話，甚至不開燈也不關燈，但是會去猶太會堂。大部分的以色列人安排安息日活動，就像許多基督徒安排周日一樣，也像許多穆斯林安排周五的活動一樣。他們會與朋友聚會，與家人相處，或者從事休閒嗜好活動。

以色列建國

本—古里安尊重猶太安息日的習俗，選擇安息日開始前，而且在英國託管政權結束前，在 5 月 14 日星期五那天，宣布以色列國的建立。走到這個歷史性時刻前，本—古里安已經經歷了漫長的道路。他於 1886 年出生於華沙附近，1906 年時移民到巴勒斯坦。他在巴勒斯坦積極參與政治，導致鄂圖曼土耳其官員對他不滿。他不得不離開巴勒斯坦，從那時候開始，他就定居美國。等到鄂圖曼土耳其帝國崩解，本—古里安 1918 年再度返回巴勒斯坦；1930 年時他創立以色列勞動黨（Mapai），也擔任過猶太事

務局和世界錫安主義者組織的重要職位。

　　1948 年 5 月 14 日，廣播電台播放了本－古里安宣布猶太國建立的聲明。這個猶太國有個深具歷史意義的名稱：以色列。巴勒斯坦居民**法特瑪・哈迪**（**Fatmah al-Hadi**）回憶說：「我們家裡沒有收音機；我在農地上工作後回到我住的村落來餵食駱駝。我們用我們的牲畜來幫別

1948 年 5 月 14 日，戴維・本－古里安在特拉維夫宣布以色列國成立。這位以色列第一任總理出生於波蘭，他背後牆上掛的是西奧多・赫茲爾的相片。

人搬運他們的農作收成，我們也因此獲得部分農收做為回報。村落裡的人會談論那時候的新鮮時事；英國人已經回去了，而猶太人來了。」

穆罕默德・哈珊・賽希・約瑟夫（Mohammed Hasan Scheich Yosef）從收音機聽到消息，也從報紙上看到新聞，但是他不願意相信。他住的地方正是被劃入新誕生的以色列國境內。「我們絕望透了，束手無策，這樣的羞辱深深刺傷我，我哭了。」他的妻子查里雅（Chairia）回憶說：「我當時在家，不敢走出家門；我心想，這下子猶太人要拿武器攻擊我們了；不過他們沒這樣做。」

幾個小時後，美國正式承認這個新誕生的以色列國，兩天之後，蘇聯也承認了。本一古里安的公開發言之後，馬上引發外界熱切的反應，簡直是全面瘋狂的狀態；以色列的地中海港口特拉維夫長長一條阿倫比大街就是大型的歡慶舞台。哈娃・凱勒（Hava Keller）也在這群狂歡的人之中。她出生於波蘭的羅茲城。1940 年時她為了逃離納粹逼迫而離開家鄉；她非常高興等到 1948 年 5 月 14 日歷史時刻的來到。「這真是瘋狂的夜晚，餐廳老闆慷慨分贈菜餚和飲料，真是樂翻了。但是一到隔天，熱度少了許多。一早就開始出現槍擊事件；鄰近城市雅法裡的阿拉伯人向特拉維夫的民眾開火。我也接到指令，開始為哈加納組織而戰。」

哈娃後來的夫婿**雅可夫・凱勒（Yakov Keller）**從一開始就無心慶祝。「1948 年我還在中學求學，我周遭的每一個人都歡欣慶祝；不過我可高興不起來。我的感覺是：這下可真的要打戰了。果然如此。」雅可夫・凱勒出生於柏林，自從 1933 年起就定居巴勒斯坦，而巴勒斯坦的一部分現在成為以色列國。他判斷很快就會爆發戰事。

本一古里安 1948 年 5 月 14 日的演說過後隔天，來自七個阿拉伯國家的軍隊就侵入巴勒斯坦地區，這就是第一次阿拉伯國家與以色列的戰爭。阿拉伯國家聯盟在入侵當天發表了一份聲明，聲明中聯盟的會員國保證「世界上這個地區的和平、安全和福祉」。阿拉伯國家聯盟的秘書長阿布杜・拉赫曼・哈珊・阿薩姆（Abdul Rahman Hassan Azzam）在一場記者會上用另外的說法來表達：「這會是一場滅絕的戰爭和大屠殺，甚至可以比擬為蒙古人的大屠殺，或是十字軍東征。」

第一次中東戰爭／以阿戰爭／阿以戰爭

第一次阿以戰爭好比大衛和歌利亞的對抗，這個比喻一直到今天無論是以色列人還是巴勒斯坦人都同意。但是雙方不同意的是，到底誰是大衛，誰是歌利亞。那場戰爭的過程到底真相為何，直到今天雙方流傳的說法還是差異很大。以色列的看法之一是：聲勢浩大的阿拉伯軍隊帶著最好的裝備和現代軍火進攻以色列。以色列人數遠比敵人少，而且裝備不足，卻能夠英勇地擊敗阿拉伯人，讓敵人

潰不成軍。

阿拉伯的看法是：英勇的阿拉伯軍隊為了解救巴勒斯坦的兄弟而奮勇作戰。他們團結一致、並肩作戰，原本勢如破竹，風馳電掣般前進，眼看勝利就要在握；但是沒想到以色列從國外取得現代軍備，讓阿拉伯得勝的願景幻滅。

阿以戰爭第一階段

到底真相為何？首先，我們得將戰爭分解為好幾個階段。第一階段是從戰爭爆發日 1948 年 5 月 15 日到 6 月 10日第一次停火時間，這段期間以色列的生存的確受到威脅。從埃及、外約旦、敘利亞、伊拉克、沙烏地阿拉伯、黎巴嫩和葉門來的軍隊侵犯進來。飛機轟炸特拉維夫，阿拉伯軍隊侵入猶太鄉鎮。當地的幫派也來幫忙入侵，不少幫派分子直接加入聖戰中的巴勒斯坦軍隊。

哈娃·凱勒的遭遇也是很多人的遭遇。在特拉維夫的狂歡才過去幾個小時，哈娃就接到指令要回去自己所屬的吉布茨保衛自己的營地。回到吉布茨之前，她請求友人幫忙。「我拿了二十封信給一位女性友人，這些都是要給我的父母看的；每一封的日期都不同，我的朋友將會每週投遞一封，因為我不希望我的父母為我憂心。」

這樣的顧慮是有道理的。在戰爭的第一階段，阿拉伯人的優勢遠超越以色列人。阿拉伯人使用比較精良的武器，也擁有重型軍備例如戰車和大砲。相對之下，戰爭一開始時以色列的軍備很簡陋。一些武器根本就是自己臨

時製作的產品。哈加納組織的戰士**約瑟夫・阿南**很了解每天要應付一堆軍備問題的麻煩。「我擔任內蓋夫沙漠的偵查兵。一到晚上我就趁機潛行到敵軍的陣營，在地圖上標示敵軍的位置。一開始我與一位同袍共用一支槍和一頂鋼盔；輪到誰值班，誰就使用那些軍備。但是使用那些裝備有一大堆麻煩。軍隊裡用的武器的出產地就包括英國、加拿大、俄羅斯和義大利，還有美國的機關槍，是從飛機上拆卸下來的。」

　　戰爭初期，敵對雙方的軍人數量旗鼓相當。等到以色列軍隊文獻對外公開後，許多歷史學家估計參戰人數如下：阿拉伯參戰人數至多三萬人，以色列參戰者約三萬五千人。站在以色列陣營這邊的，還包括地下運動團體的成員、哈加納組織的戰士，特別是哈加納組織的精銳部隊帕爾馬奇（Palmach）。希伯來文 Plugot Mahatz 的字義是「突擊部隊」，取用這兩個希伯來文字的各三個字母組成帕爾馬奇這個詞彙。

　　烏利・查諾克是帕爾馬奇的成員。他是達豪集中營的倖存者，1946 年移居到巴勒斯坦。一年之後他自願加入帕爾馬奇。阿以之戰重新讓他回想起在納粹德國的記憶：「有時候我會遠遠聽到有人用德文罵髒話『混蛋』；阿拉伯陣營那邊也有德國人為他們打戰。聽到髒話反而讓我們更有決心加倍奮戰。有位同袍不幸在我面前被射殺；這位朋友常

常對我說，要分配給他使用的彈藥筒還在工廠裡還未製造好。可見大家準備為家園捐軀的意志有多堅強，一旦我們輸了這場戰役，我們就沒有家園可歸，只剩下汪洋大海等待我們了。」

萊特龍戰役　　這場戰役爭奪最激烈的城市座落於海平面上方將近八百公尺高度，在特拉維夫東方五十公里處，就是耶路撒冷。對以色列人來說，山上地區只有一條通行道路；在離耶路撒冷十五公里處的萊特龍（Latrun），在路邊有一處占地寬廣、守衛森嚴的英國警察局，目前被約旦的士兵占領。以色列這邊屢次企圖攻占都沒有成功，人員傷亡慘重，以色列陣營必須重新調整戰略。

　　儘管在萊特龍附近危機重重，哈加納組織的戰士**雅可夫・凱勒**還是必須護航一個從特拉維夫到耶路撒冷的車隊。「敵方攻擊我們，我們也回擊過去。互相交火到了一個時段後，我們已經無法離開耶路撒冷了。我繼續在圍牆內部抗戰，子彈從四面八方射過來，不過耶路撒冷畢竟是石頭造的城市，人一離開建築物保護還是會身處險境。我就曾經受傷過，被安置在醫院裡。但是我很不願意待在醫院，因為到處都是斷手斷腳的傷患。這場戰鬥一直持續到特拉維夫和耶路撒冷之間的新道路完工為止，這條新路稱為緬甸街（Burma Street）。」

在地中海城市雅法城內一處毀壞的車站內，以色列士兵正在興建俘虜營用來拘留被俘的阿拉伯士兵。1948 年 5 月 15 日，就在獨立宣言發表後一天，阿拉伯軍隊就對此城市發動攻擊。

　　新建好的連結通道被命名為「緬甸街」讓人想到在第二次世界大戰時出名的一個關口，因為當時要將武器和士兵從印度洋經過東南亞的緬甸，翻山越嶺運送到中國，都要經過這個關口*。在以色列的緬甸街是在一位美國上校大衛・丹尼爾・馬可斯（David Daniel Marcus；另稱為米奇・馬可斯）督導下完工的。1948 年 1 月起，這位上校就幫忙裝備哈加納組織以便迎接眼前的戰爭。

* 指的是滇緬公路，英文也是 *Burma Street*。

在阿拉伯陣營也有外國名人相助，不是美國人，而是
英國人約翰·巴戈特·格拉布（John Bagot Glubb），也被
稱為格拉布帕夏*。格拉布帕夏指揮外約旦軍隊的「阿拉伯
軍團」。格拉布帕夏將此團體轉化為戰力堅強的菁英部隊。
這位英國人後來還寫了許多有關近東地區的書籍。支持以
色列的美國人米奇·馬可斯死在戰役中，沒有寫書出版的
福氣。不過他的故事被拍成電影，主角是寇克·道格拉斯
和約翰·韋恩，電影片名為《巨人的陰影》（Cast a Giant
Shadow）

＊*Paşa*，鄂圖曼土耳其
的高級官員。

第一次停火　　　　　1948 年 6 月 11 日的停火協定為阿以戰爭的第一階段
畫下終點。停火前幾天，以色列政府重新整合這個剛成立
的國家中眾多不同的軍隊團體。整合後的新部隊稱為以色
列防衛軍。以色列利用停火期間緊急彌補戰力上的缺失，
購買重型軍備、戰機、新的砲彈等。連捷克斯拉夫的兵工
廠也供應以色列想要的軍火，因為這些工廠裡面堆滿了原
本打算供應德軍的軍火。1939 到 1945 期間納粹占領捷克
斯拉夫，在這個區域推動軍火工業。

以色列人**亞伯拉罕·巴蘭姆**一眼就看出來他手上的武
器來自何處。這位青年說他已經十八歲了，所以可以加入
軍隊。「我的戰鬥裝備就是一把德國毛瑟步槍，槍上面還有
納粹十字標章。我不排斥這些，因為我們缺少軍備，必須
倚賴所有可用的資源；結果就是我們也要用到當初預計供

應給德軍的武器。」

　　阿拉伯軍隊也增強他們的火力，但是程度上比不上
這時候組織力愈益精良的猶太國。軍隊戰力比較也有大改
變，現在面對阿拉伯攻擊者的武裝猶太軍人數高達六萬五
千人。阿拉伯的軍隊人數要等到數月之後才能達到相同數
量。猶太新移民湧入是以色列軍人數增加的主因。英國託
管政權結束，新移民可以進入巴勒斯坦不再受到阻擾，每
天都有船隻抵達以色列海岸。

　　阿以戰爭的第二階段開始於 1948 年 6 月 8 日。阿拉　　**伯納多特調停**
伯違反與以色列的停火協定，未來數月之中，又出現了好
幾次違反停火協定的事件。聯合國調停官福克・伯納多特
（Folke Bernadotte）伯爵嘗試在停火期間進行協商。這位瑞
典外交官提出一份新的國土分割規劃，此份規劃將之前英
國託管地的北方畫給以色列，南方畫給巴勒斯坦；耶路撒
冷在此規劃中則交給國際單位管轄，這也是之前聯合國決
議的主張。但是所有的參戰陣營都反對伯納多特的提案。
同時，這位聯合國協調者也要求讓巴勒斯坦的難民回到家
鄉，這個呼籲讓許多以色列人對他有敵意。1948 年 9 月
時，伯納多特遭到猶太地下運動團體列希暗殺，列希的成
員在以色列國誕生後仍然繼續活躍行動。

　　這個時侯在以色列北方和南方前線都出現激烈爭戰。
在南方的敵人是埃及。**亞伯拉罕・波羅丁（Abraham**

Bolotin）回憶說：「我受傷躺在醫院裡，很想回到我的部隊。我一到醫院就接收了前一天才過世軍人的病床。我不想留在醫院，我的部隊駐守在南方與埃及對峙的前線。我們要阻止埃及入侵，埃及人則用機關槍對著我們。我們損失慘重，哀鴻遍野，很可怕的經歷。」

接下來幾個月時間，以色列戰營的軍火和人力持續增強。阿拉伯戰營方面卻遇到越來越多困難，無法補給足夠的物資，尤其是補給軍火給自己的部隊。以色列軍隊明顯地占了上風。步兵隊第七團成員**茲維‧巴徹爾（Zvi Barzel）**站在離加利利海不遠處：「我們在以色列北方的加利利地區與敘利亞對抗。阿拉伯人拿下了整個加利利；我們從東邊進攻，設法奪回采法特（Safed）。其他部隊從南方和西方進攻，三天之內我們就解放了整個加利利地區。」

這時候聯合國又重新介入協調，1949 年 1 月初時，所有參戰的陣營都停火了。1949 的停火邊界線被稱之為綠線（Green Line）。根據不同的資料來源，阿拉伯陣營陣亡的軍人人數估計是五千到一萬五千之間，以色列陣營是四千。雙方陣營都有數千人受傷。以色列軍人**雅可夫‧凱勒**帶著輕傷回到特拉維夫，已經有壞消息等著他：「戰後我才知道，那些家族朋友，那些舊日同學都死了。」

近東地區的地圖也因為這些武裝衝突而改變。以色列的版圖在這段時間從原來 1947 年 11 月聯合國決議規劃的

面積又繼續向外大大擴張。聯合國決議中將英國託管地的百分之五十五分配給猶太國，但是現在以色列占領的面積高達百分之七十八。戰爭一開始時屬於阿拉伯攻擊者的埃及和外約旦也在此時擴充了自己的版圖。從此之後，埃及接管巴勒斯坦地區中的加薩走廊，這是貼近地中海，位於特拉維夫以南約六十公里的區塊。

外約旦國王阿布杜拉‧伊本‧海珊（Abdallah bin al-Hussein）擴充了王國的版圖後，將國名改為約旦。從此這位國王掌管包含舊城在內的東耶路撒冷，和約旦河西方的土地——約旦河西岸。這個地區內的巴勒斯坦城市包括希伯侖、伯利恆、拉姆安拉、耶利哥、納布盧斯（Nablus）和傑寧等地。版圖擴張讓這位現任國王更進一步推動他父親海珊‧本‧阿里的大夢。這位前任國王曾經掌控過聖城麥加，在第一次大戰時他與英國合作，也發起 1916 年的阿拉伯起義。前任國王一直期望自己擁有一個強大的阿拉伯王國，而英國政府讓這個夢想持續加溫；終於，他的一個兒子真的擴張了版圖。另一位兒子費爾薩一世（Faisal I of Iraq），早在 1921 和 1933 之間成為伊拉克王國的君主。

阿拉伯官方說法中強調這場 1948 年 5 月爆發的戰爭是為巴勒斯坦人民而發動的，而這些巴勒斯坦人民在這場戰爭中才是真正的輸家。約旦很快就全力打壓主張巴勒斯坦國族主義的風潮。獨立自主的巴勒斯坦國其實是約旦國

約旦占有約旦河西岸

王的眼中釘；反而是自己王國版圖的擴張才是國王阿布杜拉‧伊本‧海珊非常在意的事。不過，這位國王只能短暫享有擴張的王國領域。他在 1951 年時在耶路撒冷遭到一位巴勒斯坦刺客殺害。

後人賦予第一次阿以戰爭各式各樣不同的名稱。在以色列的歷史教科書中，這場戰爭被稱為是獨立戰爭；相對的，巴勒斯坦人稱之為災難日（Nakba Day）。有一位參與戰役的以色列老兵寫了兩本書來說明這些名稱的區別。以色列作家烏里‧艾夫內瑞（Uri Avnery）先是將他的從軍日記發表在報紙上，接著很快就出版了《在非利士人的田野》（*In the Fields of the Philistines*）一書，並成為暢銷書。書中英勇的故事讓這位以色列青年在家鄉一夕成名。日記中，1948 年 6 月 18 日那天的記載是：「從散兵坑中爬出來的是南方陣線的士兵；他們之前才擊退了裝備遠比我們優良、人力遠比我們強大的敵軍。他們可以赤手空拳阻擋戰車，身經百戰但毫不退縮。」

烏里‧艾夫內瑞

這位成功的作者很快就出版第二本書，《真相的另一面》（*The Other Side of the Coin*）。根據作者自己的說法，這本書讓他「從時代英雄淪為頭號民族公敵」。他鉅細靡遺地描述戰爭醜陋的一面，也提到巴勒斯坦人被驅離出家園和被搶劫掠奪的悲劇。

所以，這位戰場老將搖身一變為和平運動者。艾夫內

瑞的書是今天以第一次阿以戰爭為主題的數百本書中的兩本。許多作者都關心，為何阿拉伯陣營會輸了戰爭。大家常提到的原因是：參戰的阿拉伯國家各自有不同的利益考量；阿拉伯人絕對不是團結一致的陣營。

阿拉伯陣營中，一開始就有兩大對峙的派別：哈希姆家族（Hashemite）和反對哈希姆家族者。哈希姆家族指的是一個深具歷史意義的家族。哈希姆是伊斯蘭教建立者穆罕默德的曾祖父。哈希姆家族的主導來自當時的外約旦，他們希望他們的權力領域繼續擴展，拓展征服的目標地區不只是巴勒斯坦而已，還包括敘利亞、黎巴嫩。反對哈希姆家族者，尤其是國王法魯克（Farouk of Egypt）帶領下的埃及，則希望阻止哈希姆家族的權力擴張，但是對於拿下巴勒斯坦土地做為自己國土擴張的行動，反對哈希姆家族者也不會阻撓。外約旦的擴張計畫也讓敘利亞和黎巴嫩擔憂自己的獨立計畫是否能成功。

巴勒斯坦人民本身在周遭阿拉伯鄰國的利益糾葛中沒有發言權。巴勒斯坦社會主要的成員是來自城市的商人和村落中的農民。家族，或所謂的氏族（阿拉伯語hamule），是巴勒斯坦人思想的核心；所以常常會出現家族之間的衝突。能夠號召大家動員起來團結一致對抗敵人，或者協調群力來解決購買武器的問題，通常需要一些中心機制來負責，而巴勒斯坦人民正好缺乏這樣的機制。1936

到 39 年間的阿拉伯抗爭的領導精英們現在已經都不在了。英國人已經將許多叛變的巴勒斯坦人處決或驅逐出境，其他人則喪生於戰場。

阿爾哈德胥·阿美德·歐拉揚（Al-Hadsch Ahmed Olayyan）在耶利哥城經歷了戰爭爆發、衝突進行，和對戰爭的不同態度。在這個據說是全世界最古老的據點裡面的最古老的咖啡店裡，歐拉揚負責服務客戶。託管地政權結束之前，他常常服務來咖啡店點選茶飲的英國軍人。「1948年戰爭爆發時我人在耶利哥。商人用駱駝和驢子偷偷運送武器走私進入耶利哥。有一些革命者投入戰鬥，但是多數人還是和平度日。」

以色列人重要的軍事戰鬥對象不是巴勒斯坦人，而是那些入侵的阿拉伯人。加入攻擊的阿拉伯國家之一，其實就是以前與猶太事務局協商的夥伴。猶太事務局在戰爭爆發前曾經多次嘗試想要與外約旦的王室協商出一個折衷方案。1947 年 11 月 17 日時，猶太事務局的高階成員果爾達·梅厄（Golda Meir）還與國王阿布杜拉·伊本·海珊祕密會面，但是談判不成，果爾達·梅厄空手而歸。

也因為外約旦與猶太陣營私下接觸，阿拉伯盟友帶著非常質疑的眼光來審視外約旦的舉動。所以在戰爭期間，幾乎沒有一次全體阿拉伯軍隊共同的行動。阿拉伯盟友彼此之間嚴重缺乏溝通；如同以色列總理戴維·本—古里安

所言：「我們贏了戰爭，並不是我們的軍隊帶來奇蹟，而是
得利於阿拉伯軍隊的悲慘境遇。」

迄今懸而未決的巴勒斯坦難民問題

　　巴拉塔（Balata）狹小的巷子裡淹滿了雨水；這裡是約旦河西岸地區最大的難民營。如今有超過兩萬人住在納布盧斯郊區的這片貌似貨櫃的水泥建物群裡。許多三代同堂的家庭必須擠在一個狹小的空間裡。窗戶與對面房屋的牆壁僅有一公尺的間隔。**哈里瑪・薩納克雷（Halima Sanakre）**與他的兒孫們就住在其中某個骯髒的門面之後。這位巴勒斯坦女性住在難民營的時間已超過了半個世紀。

　　「1948 年時我才十五歲，不過當時所發生的一切如今我都還記憶猶新。有一天，我們的村子裡來了一群士兵，他們要求我們豎起白旗。如此一來，我們便可以留下。我們有聽說，在代爾亞辛村（Deir Yassin）那裡發生了大屠殺，就連女人和小孩都無法倖免於難。當我們聽到在我們村子附近響起了許多爆炸聲，全村便開始陷於恐慌。當時大家都嚇得四處逃命，完全顧不得自己的財物和衣服。我那時還以為，我們只是離開自己的村子幾天，暫時去避避鋒頭。」

　　並非只有哈里瑪・薩納克雷一家受到代爾亞辛村大屠殺的消息所影響而選擇逃亡。當時發生了什麼事呢？1948年 4 月 9 日，猶太地下組織伊爾貢與列希的成員攻擊了這

代爾亞辛村大屠殺

個位於耶路撒冷西邊的阿拉伯村莊。這些戰士殺害了村子裡的一百多人。雖然在 1947 到 49 年這段戰爭期間曾經發生過無數的驅逐事件，可是像代爾亞辛村這種如此血腥的大屠殺其實只是一個例外。然而，當時人們並不知道這一點。於是，這場大屠殺的消息便如野火燎原般迅速傳遍了阿拉伯人的村莊與城市。許多巴勒斯坦人由於畏懼第二場大屠殺，紛紛逃離了自己的家園。

當時就連以色列的猶太事務局也強力譴責伊爾貢與列希的暴行。大屠殺事件的兩天之後，駐巴勒斯坦的猶太人官方代表發表了一項聲明，並且在聲明中批評凶手的「野蠻行徑」。隔天，兩位巴勒斯坦地區的首席拉比（他們在英國託管區裡領導猶太社群）也對這起事件發表了看法。那些與一場「令人作噁的犯罪」有關的傳聞不幸被證實為真。就連猶太社群也因此受到了巨大的傷害。

遺憾的是，這種種動作未能收到任何效果，暴力依然持續在兩邊發酵。1948 年 4 月 13 日，亦即代爾亞辛大屠殺事件發生後的第四天，阿拉伯的戰士攻擊了一支準備前往耶路撒冷哈達薩醫院（Hadassah）的猶太車隊。約有八十多人在槍林彈雨和火燒車的烈焰中喪生，受害者多半為護士、醫師與病患。

哈達薩醫療車隊屠殺事件

與此同時，已有成千上萬的巴勒斯坦人流離失所。他們的逃亡往往十分慌亂。**查理爾‧內德尚（Chalil**

Nedschem）自第一次中東戰爭起便住在加薩市的難民營裡。「我們用步行的方式來到加薩,身上什麼也沒有帶。當時我們並不曉得,我們再也回不去了!後來我就在難民營裡工作。可是迄今我依然連買菸的錢都沒有。我的飲食是由聯合國與巴勒斯坦的社會部所提供。」

住在約旦河西岸巴拉塔難民營的**哈里瑪‧薩納克雷**在回憶當時的逃亡過程時說道:「當時我曾與家人失散了一段時間。我們先是被帶到一些學校過夜,並且在那些地方住了個把月。那時生活環境很髒亂,根本沒有乾淨的水。況且,我們自己也身無分文,什麼也買不起。接著我們改住到一個帳篷裡。後來『UNRWA』為我們蓋了房子。」

UNRWA

「UNRWA」是「聯合國近東巴勒斯坦難民救濟暨工程處 」(United Nations Relief and Works Agency for Palestine Refugees in the Near East)的縮寫。如今有超過兩萬五千人在各地的難民營裡為這個聯合國的機構工作,其中大多數人本身就是難民。他們在將近六十個難民營裡的醫院、學校或社會機構服務,藉以維持生計。

大約有一百三十萬巴勒斯坦人生活在各地的難民營裡。諸如約旦、黎巴嫩、敘利亞、約旦河西岸地區與加薩走廊等地,都可見到巴勒斯坦的難民營;其中尤以加薩走廊的難民營情況格外嚴峻。在這個臨地中海的狹長海岸地區,有將近五十萬人擠在難民營窄小的空間裡。也因此,

加薩走廊的部分地區名列全球人口最稠密的地區之一。

　　在這些難民營裡，1948 年之前的歷史便由像哈里瑪·薩納克雷這樣的人一代接著一代傳下去。在流離失所前，大部分的巴勒斯坦人都是務農。「在我們的田裡生長著橘子，我們採收那些果實並將它們變賣。我們的生活很簡單，但也很不錯，我們有工作、土地與房子。從前我會用我們的橘子餵養動物，可是，如今我們連為自己買顆橘子

在 1948/49 年的第一次中東戰爭與 1967 年的六日戰爭之後，成千上萬的巴勒斯坦人只能生活在難民營裡。原先的帳篷城後來逐漸變成了住宅區，迄今仍有許多巴勒斯坦人住在那裡。照片是 1967 年 7 月位於敘利亞的巴勒斯坦難民營的面貌。

的錢都沒有。」

　　巴勒斯坦人並非只是由於代爾亞辛大屠殺事件而選擇逃亡。直到今天，仍有許多歷史學家在爭論，為何有如此眾多的巴勒斯坦人離開了他們的家園？這當中有兩個原因經常會被提到。第一個原因就是：阿拉伯鄰國敦促巴勒斯坦人在戰爭期間離開他們的村莊與城市。展開攻擊的軍隊希望能藉此降低殃及阿拉伯平民百姓的人數。第二個原因則是：猶太戰士以武力半強迫地將巴勒斯坦居民驅逐。

　　巴勒斯坦人**查理爾‧內德尚**回憶道：「我以前住在馬札達爾（Majdal；亦即現今亞實基倫〔Ascalon〕的一部分）。先是有住在我們北邊鄰村的村民逃到我們這裡來，後來阿拉伯的士兵與我們的戰士也來了。他們告訴我們，這裡很快就要變成戰場，我們必須暫時離開自己的村子三天，在那之後戰爭就會結束。沒想到，一晃眼，從原本的三天已經過了六十年。」

　　以色列人**烏利‧查諾克**曾效力於帕爾馬奇。身為軍事組織哈加納所屬的菁英部隊的成員，占領巴勒斯坦的土地是他當時的任務。「當我們占領了阿拉伯的村莊，我們總是會在當地留下一個出口讓居民逃亡。舉凡不與阿拉伯人站在一起並且不願反抗的人都可以離開。」

　　在 1947 到 1949 年之間，有超過七十萬名巴勒斯坦人逃亡。當時大約有四百多個城市與村莊受到了影響。直到

今日，這些難民的未來仍是難以逆料。隨著日子一天天地過去，重返家鄉或獲得賠償的機會越來越渺茫。聯合國認為巴勒斯坦人有權獲得這兩者的其中之一，因此 1948 年 12 月 11 日的聯合國第 194 號決議文便表示：「希望重返家鄉並與其鄰國和睦相處的難民」應遂其心願。此外，聯合國還要求，對於那些決定不再重返家鄉的難民則應予賠償。

對此，當時的以色列外長摩西·夏里特（Moshe Sharett），曾於 1949 年 6 月在以色列的國會裡表示：「最重要的是安全。大規模的（巴勒斯坦）歸鄉潮可能會重新從內部摧毀這個國家。即便今日這些歸鄉者是帶著和平的態度歸來，當一場新的災難來臨時，我們也無法對他們有所期待。」

某些像**努哈·瓦赫伯**（Nuha Wahbe）這樣的巴勒斯坦人，曾在逃亡多年後回去探訪自己的故居。她曾與家人居住在盧德（Lod），那是介於耶路撒冷與特拉維夫之間的一個村莊。1948 年時她才十六歲大。「我們曾在盧德租用一塊地蓋了一間房子。1948 年時，有些穿著制服的人來到我們村裡。不願離開自己家的人都被射殺。這是我親眼所見。當時我們是以步行的方式逃亡。一直到過了大概十來年之後，我才回去以前的村莊。那時我們的房子已經不在了，不過在同一塊地上蓋起了一幢新建築。我過去敲了敲門。有個年約三十多歲的男人開了門。他看著我，對我大

吼了一番，我不懂他在說些什麼，隨即他又把門給關上。從那之後，我就再也沒有回去過那裡。」

1967 年的六日戰爭讓更多的巴勒斯坦人也淪為難民。特別是新生兒所帶來的人口自然增加，讓這個問題迄今變得更為棘手。由於後來出生的巴勒斯坦人同樣可以在聯合國那裡登記為難民。因此，根據聯合國的統計，巴勒斯坦難民的規模如今已達近五百萬人之眾。他們當中有些人早已不住在難民營裡，有些人甚至從未住過那裡。許多巴勒斯坦人的生活重心已經不在巴勒斯坦地區，他們有的移居到阿拉伯鄰國，有的則移居到拉丁美洲、美國或歐洲等地。

薩米拉‧伊拉齊（Samira Iraqi）便是其中之一，她在 1973 年出生於柏林。她的母親是克羅埃西亞人，父親則是巴勒斯坦人。「在我們位於柏林的住處裡，掛了一張來自巴勒斯坦的照片。照片上頭可以見到一片昏黃的大草原。在我小的時候，我的父親老是告訴我，他就是在那裡出生的。他的父母都是貝都因人。在 1948 年戰爭爆發時，我們家逃到了黎巴嫩。他的弟弟妹妹都是後來在黎巴嫩出生。」

從 60 年代起，她的父親便移居德國。80 年代之後，就連她的祖父母也都移居到柏林。「我的祖母常會提起巴勒斯坦，她很喜歡講些與橄欖樹和山有關的事。有一回我陪她去柏林的某個公園散步，她便興沖沖地找起了野菜。在她結婚的時候，有位猶太婦女曾幫她做了頭髮。她總是一

再提起這件事。」

在德國生活了超過三十年之後，薩米拉・伊拉齊曾前往自己父親的故鄉一遊。「我認為，我自己的巴勒斯坦色彩多過於德國色彩。從前我們在柏林會看阿拉伯的電影，聽阿拉伯的音樂。我們早餐會吃無酵餅、鷹嘴豆泥與豆粉煎餅，午餐則會吃肉丸或巴勒斯坦抓飯（Maqluba）。」

在滯留於中東的期間，薩米拉・伊拉齊有很長一段時間是在拉姆安拉度過。「大多數的人一聽我的阿拉伯語口音便曉得，我的先人裡有貝都因人。」在咖啡館與市區的街道上，這位來自柏林的女性感覺自己在閱讀著各式各樣不同的傳記。有些巴勒斯坦人和薩米拉・伊拉齊一樣，雖然領有聯合國的難民證，不過卻是生平第一次來到自己先人的故鄉。相反的，許多其他的巴勒斯坦人則是從未到過別的國家，他們一直生活在附近的難民營、村莊或城市。

巴勒斯坦畫家納吉・阿里（Naji al-Ali）在 1969 年時構思出了「韓達拉」（Handala）這個人物。韓達拉是個帶著髮茬的小孩，他總是將雙手交疊在身後並且背對著觀眾。這個小孩衣衫襤褸，沒有穿鞋。根據這位畫家的設定，韓達拉才十歲大；因為他自己就是在這個年紀逃離巴勒斯坦。如今，在約旦河西岸、加薩走廊與東耶路撒冷等地的牆壁、鑰匙圈或項鍊上，都可見到這個人物的身影。

至於與巴勒斯坦難民有關的故事，當屬格桑・卡納法

漫畫人物韓達拉

81

尼（Ghassan Kanafani）的作品最為著名。這位巴勒斯坦作家的文章曾被翻譯成十多種語言。此外，卡納法尼也曾擔任過某個巴勒斯坦激進組織所屬刊物的編輯，並且被公認為該組織最受歡迎的代言人。也因此在 1972 年時，他不幸遭到了以色列特務的暗殺。

《返回海法》　　卡納法尼最廣為人知的作品當屬《返回海法》（Returning to Haifa）這個家庭故事。故事描述一對巴勒斯坦的夫婦在 1948 年被逐出了港都海法。在流亡的過程中，他們不幸與自己的兒子失散。過了二十年以後，這對夫婦回到了他們的故鄉。此時在他們的故居裡住著一位猶太女人，她不僅接見了這對夫婦，更請他們進客廳一敘。突然間，有位年輕人走了進來。這位年輕人其實就是這對夫婦失散多年的兒子。他不僅被這位猶太女人撫養長大，進了猶太人的學校，如今他更在以色列的軍隊裡服役。關於他自己的親生父母，他是一點也不想再提。

這位父親在失望之餘決意離去。「我一直在尋找真正的巴勒斯坦，那個不只是一段回憶、不只是一根孔雀翎、不只是一個小孩、不只是樓梯間裡的一片鉛筆塗鴉的巴勒斯坦……對於我們、對於你、對於我，這不過只是在記憶的塵埃下的一場搜尋。看哪，這下我們在那堆塵埃下找到了什麼……無非只是更多的塵埃而已。」

1950 年代與蘇伊士運河危機

在以色列建國之初，猶太移民者的日子十分艱辛。當時以色列的建國之父們對於大量移民無法快速做出反應。一時間，國家的財政陷於困窘，然而中東戰爭也證明國防支出是免不了的。惡劣的經濟局勢帶來的苦果，幾乎殃及了每一個人。所缺的不僅是工作機會，就連住宅與修築良好的道路也沒有著落。

當時**卡拉·皮爾佩爾**追隨錫安主義運動來到了以色列。「透過組織的協助，我來到以色列北部的一個集體農莊。當時有整整一年多的時間我每天夜裡都是哭著入睡。在英國，他們把以色列描繪得十分美好，彷彿這個國家是伊甸園。沒有人告訴我，在集體農莊裡既沒有電，也沒有浴室，更遑論廁所。當時我和其他三位少女一起住在一間小屋裡。餐具和盤子都是塑膠做的。」

「流奶與蜜之地」這樣的傳說曾在戰後流行起來。然而，《聖經》所描述的景象顯然與實際情況有很大的落差。在回憶那些古老的故事與自己當時在以色列親眼所見的實情時，卡拉說道：「在英國時，有一回有位年輕的男士來拜訪我。我們一起在外頭散步了一整晚。他跟我訴說了以色列到處都是綠油油而且隨處可見美麗花兒盛開的事。當

我坐上巴士前往集體農莊時，我簡直不敢相信，眼前居然是一片黃澄澄的不毛之地。我不禁問自己：我這是到了哪裡？我來這裡要做什麼？直到今日，我還是不停地這樣問自己；只不過，我不想再去別的地方了。儘管我有一長串的抱怨，但這裡畢竟已經是我的家。」

　　集體農莊只是移民者們眾多的目的地之一。以色列的國會在 1950 年時通過了一項法律，根據這項法律，世界上的每個猶太人都有權在以色列定居。許多移民者為了找尋工作與住處前往特拉維夫或其他的小城市。鄉間簡陋的集體農莊與特拉維夫這座城市相比，簡直有天壤之別。

　　在以色列建國之前，猶太人大屠殺的倖存者**沃爾夫・法克多**便已從瑞士偷渡到此地。「當我來到特拉維夫時，我嚇了一跳。當時這座城市看起來已經有歐洲城市的水準。商店裡販售的不乏最高檔的精品，櫥窗看起來就像是在蘇黎世，就連咖啡廳也都找得到。當時我簡直不敢相信我的眼睛。這裡真的是以色列嗎？其實，在這之前，我已做好了與其他年輕人在沙漠裡夜宿帳篷的心理準備。這樣的情況的確也有，只不過不是發生在特拉維夫就是了。」

　　對於沃爾夫而言，這個嶄新的開始可謂是一大挑戰。「最初的適應階段其實並不容易。即使是在這裡，也並非所有事情都如同先前所夢想的那般美好。當時的以色列是個小國，是個窮國。我在啟程時帶有一只皮箱，裡頭裝了點

細軟。可是在路途中我遺失了那只皮箱。因此，到達這裡時，我僅剩身上的些許財物。」

茲維‧阿爾佩（Zvi Alper）也是獨自一人從烏克蘭來到以色列。他在以色列與一位來自布達佩斯的匈牙利女性相戀。在以色列建國之初，他們的生活一切從簡。「我們買了一些冰塊放在廚房中的一個箱子裡，那就是我們的冰箱。在我們結婚的時候，我們添購了兩張椅子、兩把餐刀、兩把餐叉，所有的東西全都只有一式兩份。對我們來說，當時的一切並不算太壞。我們是猶太人大屠殺的倖存者。我們在年少時便身無分文地來到以色列。後來我去從軍，在部隊裡我也還是一無所有。」

猶太事務局試著幫助這些移民者。曾服務於這個機構的耶華達‧多米茲（Yehuda Domitz）表示：「當時事務局裡簡直忙翻了。我們得照顧成千上萬的新進移民者。我們將許多人暫時先安置在一些臨時搭建的木板屋或帳篷裡。雖然當時已不再處於戰爭狀態，可是經濟狀況依然十分糟糕。在剛開始時曾經發行過糧票，諸如牛奶、蛋和油都得用配給的。我當時不僅要半工半讀，還得扛起我們全家的生計。」

格拉蒂斯‧卡古利一列維（Gladis Karquli-Levi）一家人也曾獲得猶太事務局的幫助。這位猶太女性出生於伊拉克的巴斯拉（Basra）。為了移居以色列，他們一家付出

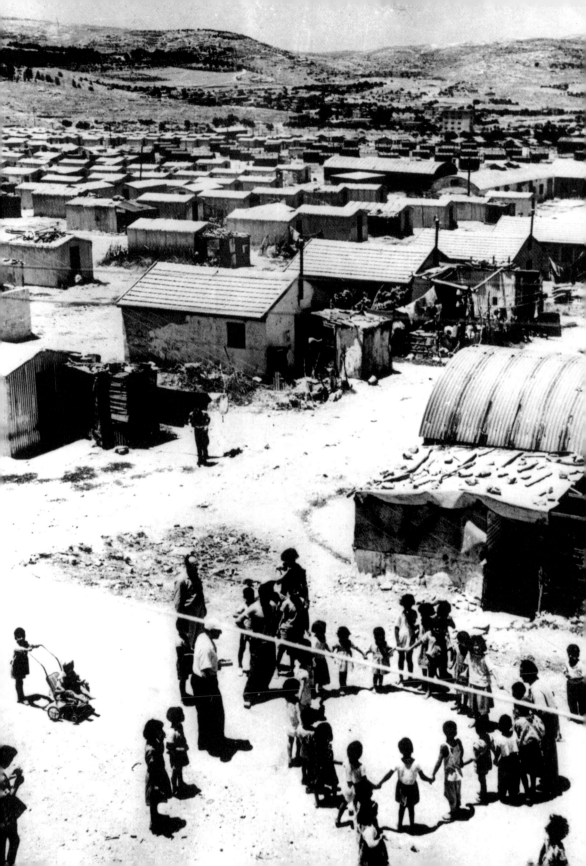

了昂貴的代價。「我父親曾在伊拉克經商。我們不但擁有漂亮的住宅，家裡還有傭人伺候，當時的生活可說是十分優渥。然而，猶太人如果想離開伊拉克，就必須放棄一切。於是我們留下了所有的家產。我的父母沒有其他的選擇，伊拉克政府幾乎把我們所擁有的一切全都沒收。也因此，我來到以色列時身上只帶了一箱衣物。」

出生於巴格達的**約瑟夫‧列維**（Yosef Levi），亦即格拉蒂斯‧卡古利─列維的丈夫，也遭遇過同樣的命運。「在伊拉克我們住的是一幢舒適的房子，可是到了以色列卻只能住帳篷。萬一遇到風比較大的時候，帳篷就會被吹翻。後來我們可以八個人住一間三十六平方公尺的木板屋。又過了一段時間之後，我們得到了一間兩房的小住宅。從前在巴格達，我父親是位裁縫師。到了以色列之後，他既無店鋪，也無訂單，只為我們做點裁縫。」

來自阿拉伯國家的猶太人的遭遇，迄今仍是個充滿爭議的話題。這些人究竟是自願離開自己的故鄉，抑或是由於與日俱增的反猶氛圍而不得不離鄉背井？這個問題牽涉到了八十多萬名居住在阿拉伯國家的猶太人，其中有十三萬人是來自伊拉克。在伊拉克方面，早在 1941 年時，便已發生了一件有損猶太人與阿拉伯人和平共處的事件。當時一些激進的伊拉克穆斯林殘殺了部分猶太同胞。

同是伊拉克猶太人的約瑟夫‧列維曾在巴格達經歷過

1941 年巴格達暴力驅逐猶太人事件「Farhud」

在以色列建國之後，移居以色列的種種限制也跟著被取消：按照以色列政府的意思，所有猶太人都有權在這個國家定居。在剛開始幾年，居住空間十分吃緊。誠如照片所示 1949 年時在耶路撒冷附近的情形，有許多人曾被迫暫時棲身於移民營。

這些騷亂。「我曾親眼見到，猶太人是如何當街被殺害。我的鄰居甚至還被虐待致死，我一直聽到她在慘叫，直到她斷氣為止。我的表妹也遭人綁架，從此音訊全無。我的父母曾繳了保護費給一些穆斯林，求他們讓我們在他們家裡避避風頭。因為當時在猶太人的住宅裡再也不安全了。」

　　事實上，在 1941 年的事件發生之前，遭遇各種歧視對於約瑟夫·列維來說早已是家常便飯。從早上進到學校起，各種歧視便隨之展開。同學之間的態度還算可以，不過老師就明顯有所偏頗。「當時我和班上的同學感情還不錯。可是有不少老師卻很偏激。他們經常會強迫我像穆斯林一樣禱告，即使是信奉基督教的阿拉伯人也難以倖免。只有一位老師會允許基督徒與我們猶太人在他們禱告時離開教室。」

　　在歷經這些殘殺猶太人的騷亂後，許多伊拉克的猶太人便一心只想離開。然而，一直要等到 1948 年 5 月以色列建國後，他們的願望才得以遂行。在第二次世界大戰期間，出走的機會十分渺茫；幾乎沒有一個國家願意接納更多移民者或難民。隨著以色列的建國，再度激化了伊拉克內部仇視猶太人的氛圍。當時大規模抗議猶太人國家的景況，約瑟夫·列維至今仍歷歷在目。「成千上萬的人在巴格達街頭抗議以色列。他們高喊『殺死猶太人』、『打倒以色列』。就連我們猶太人也被迫要參加這些示威抗議。不過

即使是這樣也還是很危險。為了掩人耳目，我總是混在伊斯蘭的抗議群眾裡。只有在自己家裡，我們才能對以色列建國一事流露出喜悅的心情。我們全家無不希望移居到以色列。對我來說，以色列代表著自由與安全，因為在歷經1941年的屠殺事件後我總是惶惶不安。」

列維一家來到以色列之後，他們也是經過了一番掙扎才逐漸站穩了腳跟。「最初那幾年真的很辛苦。可是我的父母倒是從來未曾表示過，後悔做了離開伊拉克的決定。當我們這些小孩一個個長大並且找到工作後，我們家的經濟情況總算慢慢獲得了改善。」

在1950年代，以色列是靠著外援咬牙苦撐。建立於1949年的德意志聯邦共和國（亦即前西德），曾允諾提供以色列政府金錢與物資。這些援助是用來幫助那些逃亡到以色列的猶太人。當時由前西德總理康拉德·阿登諾（Konrad Adenauer）所簽署的賠償協議在以色列激起了嚴重的抗議。批評者們拒絕與應對殺害六百萬猶太人負責的國家簽訂任何條約。

在經濟方面，以色列可以倚靠諸如德國與美國等西方國家的支持。然而，在政治問題方面，迄今卻仍是意見分歧。以色列究竟該定都哪裡便是充滿爭議的主題之一。1948年，戴維·本—古里安在特拉維夫宣布以色列建國。到了1953年，以色列國會則遷往耶路撒冷。當時以色列的

國會議員回溯《聖經》時期並決議:「過去、現在和未來,耶路撒冷永遠是以色列的首都。」

　　大約過了三十年之後,就連巴勒斯坦所屬的東耶路撒冷也落入了以色列手裡。對此,聯合國不僅出面干涉,更要求各國將使館撤離耶路撒冷以表達抗議。也因此,如今幾乎所有國家都將使館設在特拉維夫,而非耶路撒冷。東耶路撒冷*曾於 1948/49 年的第一次中東戰爭後落入外約旦酋長國手裡。從那之後,這個城市的東半部以及整個約旦河西岸地區(大部分的巴勒斯坦人都居住在此地)暫時被約旦的維安部隊所掌控。這些地方的居民曾領有約旦所發給的證件,迄今有許多人仍保有這樣的證件。

　　巴勒斯坦人**薩曼・褚里(Saman Choury)**無法理解這樣的情況。「我們家住在耶路撒冷已經超過一百五十年。我的父母是巴勒斯坦人,我的祖父母是巴勒斯坦人,我的曾祖父母也是巴勒斯坦人。然而,就護照看來,我居然是約旦人。也因此,我的出生證明對我來說總是有點特別。儘管它是在英國占領時期所發的,不過上頭卻有巴勒斯坦字樣。我總是隨身帶著這份文件。雖然它實際上並不代表些什麼,可是它至少證明了,我是存在的。」

　　阿布杜─卡里姆・拉菲(Abdul-Karim Lafi)以自己的家人為例,描述了不同的證件與規定所帶來的影響:「我弟弟持有約旦的護照,他太太則是持有以色列的護照。當他

約旦占領時期

*包括耶路撒冷舊城與聖殿山、聖墓教堂等聖地的東部城區。

90

們前往約旦時，他太太會取道胡笙酋長橋（Sheikh Hussein Bridge），我弟弟則會取道艾倫比橋（Allenby Bridge）。他們並非一同前往。」這兩個關口相隔大約兩小時車程的距離。

在由約旦管轄的東耶路撒冷，總是一再發生公眾的示威活動。這些抗議聲浪是在反對猶太人所建立的鄰國。在回憶這些活動時，**薩曼・褚里**說道：「當時在耶路撒冷有很多示威抗議，雖然我還只是個小孩，不過我也參與其中。有一回，群眾們高喊『打倒貝爾福宣言』。我當時並不瞭解這個口號是什麼意思，於是我也用錯誤的阿拉伯文跟著複述『有人應該從上面掉下來』。」

這位巴勒斯坦人曾歷經過巴勒斯坦的約旦河西岸地區與東耶路撒冷遭約旦占領的那段時期。「在某些地圖上我完全找不到我們的國家。在學校裡，歷史老師教導了我們兩種事情，一種是在書本裡有的，另一種則是他的個人記憶。」

然而，如果主題換成是約旦占領巴勒斯坦的問題，那麼巴勒斯坦人的政治活動便會遭到禁止。約旦王室所秉持的原則是：可以對以色列示威抗議，可是想要擁有自己的巴勒斯坦國便不許。然而，在約旦的占領下，大多數的巴勒斯坦人可以過著正常的生活，日常生活中的各種限制其實十分有限。

努爾・卡斯拉維（Nour al-Kasrawi）曾在希伯崙經商。即使是在約旦的占領下，生意也還算不錯。只不過這時上門光顧的不再是英國人，而是約旦的士兵及其家眷。「當時我在舊城中靠近亞伯拉罕清真寺的地方開了一家店。戰爭結束後，約旦的部隊進駐這裡。阿兵哥會來我的店裡光顧。他們都是穆斯林，和我一樣。我們會互相尊重，與他們相處完全沒有任何問題。」

　　當時約旦與以色列之間曾劃清界線。約旦國王可以安心經營自己的勢力範圍。然而，巴勒斯坦人越界發動攻擊的事件卻是層出不窮。他們會越過邊界去攻擊猶太人的聚落或讓以色列的道路交通變得不安全。很快的，「敢死隊」（阿拉伯文稱為 Fedayeen）便成了人們議論的話題。這群人在巴勒斯坦人看來是反抗勇士，在以色列人看來則是恐怖分子。

101 部隊

　　以色列人**亞伯拉罕・巴蘭姆**曾經領導一支隊伍，對抗這些入侵他們居住地的巴勒斯坦攻擊者。當時他是 101 部隊的成員之一，而他的長官便是後來的以色列總理艾里爾・夏隆（Ariel Sharon）。夏隆指揮的這支部隊很快就因為對方平民百姓的傷亡人數過高而備受爭議。

　　亞伯拉罕・巴蘭姆敘述了當時出任務的情形：「過程都大同小異。有人通報我們，在哪個村子、哪個房子裡有敢死隊。我們會先在空照圖上標出那間房子的所在地。接著

我便帶領一小隊人馬，大概十來人，越過約旦邊界。行動總是在夜間進行。我們必須十分謹慎，避免被約旦的部隊發現。然後我們就摸到那些敢死隊可能藏匿的地點將他們除掉。儘管如此，他們的攻擊依然是前仆後繼。」

然而，在 50 年代中期，以色列面臨的最大隱憂則是另一個鄰邦——埃及。以色列和埃及交界於內蓋夫沙漠*的南端。這個地區位於埃及所屬的西奈半島上，這裡多半是無人居住的不毛之地，夏季時高溫炎熱。為了監控這片區域，以色列軍方付出了相當高的代價。

*Negev：位於巴勒斯坦南部，在《聖經》裡的意思代表「南部」。

此外，由於在 1948/49 年的戰爭後巴勒斯坦的加薩走廊落入了埃及的手裡，因此這裡也成了以色列另一個不易防守的邊境。當地的巴勒斯坦人對埃及人的觀感並不壞。來自加薩走廊的**安瓦・阿拉法特（Anwar Arafat）**十分懷念那段時光。「當時衛生、教育、社會等部門全都由埃及掌管。雖然埃及人大權在握，可是他們卻很尊重我們。他們在我們這裡投資，許多埃及人也都跑來加薩購物。我是製作阿拉伯甜食的，因此埃及人也會光顧我的店。巴勒斯坦的菁英會去埃及唸書，在埃及，人們不會去區分埃及人與巴勒斯坦人。許多如今在此從事工程師或醫師等職業的人都曾在開羅受過教育。」

然而，位於加薩走廊的許多巴勒斯坦難民營情況可就沒有那麼好了。這裡從來都不缺自願的敢死隊員。就連在

約旦所占領的約旦河西岸地區與東耶路撒冷，同樣也是勇士輩出。不過，這當中卻存在著關鍵性的差異：有別於約旦政府，埃及的領導階層大力支持了這些巴勒斯坦的敢死隊。埃及人不但提供武器給這些戰士，而且還訓練他們。

蘇伊士運河危機／第二次中東戰爭

以色列與鄰國埃及的衝突不久之後便演變成戰爭。在這當中，埃及總統納賽爾（Gamal Abdel Nasser Hussein）與西方國家的態度也是關鍵因素之一。納賽爾請求西方政府金援埃及興建水壩。在他的國家，人口迅速增長。借助這項新計畫，那些原本乾旱的地區將可獲得灌溉，如此一來，這些土地便可發展農業。然而，這項計畫卻無法在國際的金融強權裡找到支持者。為了另闢財源，納賽爾於1956年7月宣布蘇伊士運河國有化。截至當時為止，蘇伊士運河公司一直是家國際性的股份有限公司，英國與法國都是這家公司的大股東。

借助蘇伊士運河，大型運輸船隻可以從地中海穿過埃及直達紅海。這條航道明顯縮短了通往阿拉伯國家、印度或其他更遠目的地的航程。取代蘇伊士運河的航線（亦即取道非洲南端的好望角）不僅較危險，而且距離多了數千公里，因而也會讓航運成本大幅提高。在蘇伊士運河收歸國有的情況下，所有的運河通行費全都落入埃及手裡，原有的持股人反倒一毛錢也拿不到。

許多西方的政治人物將埃及總統這樣的舉動視為一種

挑釁。迄今為止，國際協約保障了所有運輸與戰鬥船隻的自由通行，無論它們是屬於哪個國家。在納賽爾片面發表聲明之後，各國便陷入了一片恐慌，擔心埃及會將運河當作政治施壓的工具並將其封鎖。這對西方國家的經濟將帶來沉重的打擊。畢竟，每年有上千萬噸的石油要靠這條運河輸送。

在蘇伊士運河危機前，巴黎政府早已視埃及的國家元首為眼中釘。納賽爾曾提供阿爾及利亞的伊斯蘭激進團體

納賽爾的競選訴諸於阿拉伯民族主義。他希望能引領一個大一統的阿拉伯國家。這樣的想法當時也深受許多巴勒斯坦人的歡迎。圖為 1954 年 7 月納賽爾（中）即將成為埃及總統時接受民眾夾道歡呼的盛況。

許多武器。在這片位於北非由法國所統治的行政區裡，有越來越多阿爾及利亞人要求從法國手中獨立。自 1954 年底，反抗者開始取得了武器，反對運動也因而逐漸發展成阿爾及利亞戰爭。經過了漫長的戰鬥，阿爾及利亞終於在 1962 年取得了獨立。從 1954 年起的這段期間，法國政府曾動用超過五十萬的軍警，試圖強力鎮壓阿爾及利亞人的反抗運動。

埃及將蘇伊士運河收歸國有的舉動惹惱了法國與英國。納賽爾的另一項舉動則觸怒了以色列政府。當時埃及的軍隊封鎖了以色列船隻往返蒂朗島（Tiran）的水路。這條水路是從紅海經阿卡巴灣到以色列。在遭到埃及封鎖的情況下，沒有船隻可以航向以色列臨紅海的港都埃拉特（Eilat）。於是，法國、英國與以色列政府各派了代表舉行祕密會商。這三個國家對於納賽爾的挑釁最為不滿。同樣的，在阿拉伯國家這邊也進行了各種祕密會談。埃及與敘利亞簽署了共同防禦協定，並且成立了聯合指揮總部。

火槍手行動　這對法國、英國與以色列不啻是個警訊，他們警覺到不應繼續坐以待斃，而應該立即發動已經從頭到尾做好完整規劃的「火槍手行動」（Operation Musketeer）。1956 年 10 月，以色列空軍對埃及的西奈半島發動奇襲。以色列的地面部隊也隨即占領了加薩走廊與西奈半島的大部分地區。英國與法國向埃及與以色列提出最後通牒，要求雙方

立即停止戰爭行為。這其實是英國人與法國人所設下的一個圈套，因為他們猜想納賽爾應該會拒絕。如此一來，他們便可以用保護這條重要的水路為由，對埃及發動攻擊。

納賽爾的反應完全如英法所料，執意續行這場戰爭。不久之後，英國與法國的戰機便對埃及的軍用機場與其他的軍事基地展開轟炸。在短短的四十八個小時之內，埃及的空中武力幾乎全軍覆沒。另一方面，以色列的部隊則在地面與駐守在西奈半島與加薩走廊的埃及軍隊作戰。不久之後，第一批傘兵便在蘇伊士運河出口處的埃及港都塞得港（Port Said）登陸。

巴勒斯坦人**查理爾．內德尚**在回憶自己在蘇伊士危機中短暫的行動時說道：「當時我自願加入埃及人的行列，與他們一起對抗以色列人。然而在整場戰爭中，我卻未曾發射過一顆子彈。當時我駐紮在邊境的一個軍營。當以色列的部隊靠近時，我看到了坦克與飛機。我完全抵擋不了這些武器，於是我拔腿就跑。我手裡只握有單發式的舊型槍枝，在前線的這場戰鬥，勝負早已注定。後來，以色列人到難民營來，要求我們交出武器。於是，我把槍交給了他們，並且永遠脫下了軍服。」

當時巴勒斯坦人**拉菲克．褚達利**（Rafiq Choudari）看到了以色列部隊開進加薩市。「所有的男人都被集中在一個大廣場。以色列士兵將人分成兩群，其中一群人可以

回家，另一群人則必須留下，我便是其中之一。他們一一為我們照相並找尋敢死隊員。我們當中的某些人被他們帶走，一連好幾個月他們都音訊全無，直到幾個月之後，他們的屍體才被人發現。」

聯合國大會要求雙方終止戰爭。在歷經 1957 年初的幾場艱苦的談判後，以色列終於從占領區撤軍。從這時起，以色列、加薩走廊與埃及之間的邊境便由聯合國的維安部隊負責管理。在這樣的情況下，由埃及所支持的敢死隊暫時無法再繼續對以色列進行攻擊。

然而，這樣的和平不過只是一個假象。實際上，各方都在私底下偷偷地備戰。早在蘇伊士危機之前，蘇聯便已出售了不少坦克、火砲、火箭發射裝置、炸彈與戰鬥機給埃及。而以色列的首席武器供應商則是法國。誠如全球的軍事專家所認為，這其中包括了法國的原子科技。

蘇伊士危機帶來了深遠的影響。一方面，蘇聯藉機在中東擴張了自己的影響力。另一方面，西方國家由於在軍事行動中與以色列站在一起，因而嚴重損傷了自己在中東的聲望。此外，埃及總統納賽爾則成了一個傳奇；無論是在埃及或是在埃及以外，他都廣受民眾崇拜。他不僅敢和英、法這些強權較量，同時還與多數阿拉伯人都討厭的以色列這個鄰邦打了一仗。

一時之間，納賽爾的人氣暴漲。他所放眼的不只是

埃及，阿拉伯民族主義才是他偉大的夢想。在實踐上，這 **納賽爾主義**
代表著一個由埃及、敘利亞與巴勒斯坦共同組成的國家。
毫無疑問，誰都曉得這個新興大國該由誰來領導。在以色
列看來，這套所謂的「納賽爾主義」（Nasserism）不只是
威脅，簡直就是宣戰。因為，在納賽爾所描繪的中東地圖
裡，並沒有一個名為以色列的國家。

1960 年代與六日戰爭

埃及總統納賽爾在阿拉伯世界的影響力與日俱增。許多巴勒斯坦人不僅透過廣播收聽了納賽爾的就職演說，並且深受其內容激勵。他的許多以強烈的阿拉伯民族主義及大一統的阿拉伯民族國家為題材的演說，在加薩走廊、東耶路撒冷與約旦河西岸等地獲得了廣大回響。這樣的想法讓巴勒斯坦人恢復了些許的自我價值感。因為，在 1948/49 年的第一次中東戰爭之後，許多巴勒斯坦人便失去了這樣的感受。

除了以色列以外，還有一個阿拉伯國家同樣也不歡迎納賽爾的想法，這個特別的國家便是約旦。當時的約旦國王胡笙・賓・塔拉勒（Hussein bin Talal）不得不擔心，巴勒斯坦人會在約旦河西岸與東耶路撒冷這些有約旦軍隊駐守的地方舉事。阿拉伯民族主義會危及他的勢力範圍。為了不讓納賽爾的發言引發後續效應，這位約旦的君主決定在巴勒斯坦地區採取一些預防性措施。

巴勒斯坦人**納茲米・阿爾一德舒貝（Nazmi al-Dschubeh）**當時居住在東耶路撒冷。早在他幼年時他就十分清楚，什麼是這位約旦國王所允許，什麼不是。「舊城裡有約旦的警察與軍隊。離我們家不遠處就有個軍營。我

還記得，當時在舊城裡發生了一些要求阿拉伯統一的示威活動。約旦的軍隊採取了相當強硬的手段，力圖阻止任何與納賽爾同聲一氣的行動。他們逮捕了許多民眾。我的幾位哥哥總是想收聽納賽爾的演說廣播。不過約旦的軍隊嚴禁這樣的舉動。因此我經常得坐在街上幫忙把風。萬一有情治人員過來，我就得發出信號通知他們。可是，當時身為小孩的我，哪裡會曉得情治人員長什麼樣子呢？儘管如此，我的幾位哥哥還是悠哉悠哉地在裡頭聽著納賽爾的廣播。」

在 1960 年代中期，誰也沒料到，約旦的占領其實就快走到盡頭。事實上，在歷經約旦的占領近二十年之後，許多人對於約旦軍隊早就習以為常了。然而，巴勒斯坦人的未來卻並不像納賽爾在廣播裡所說的那樣。

這裡的民眾照常過著自己的日子。納茲米當時經常在耶路撒冷舊城中約旦人居住的那些狹小、分叉的巷弄裡玩耍。「我的父親是個香料商，他在舊城裡開業。那是個封閉的世界。我的學校也在那裡。有時我們會走出舊城，或是去散散步，或是去拜訪親人，頂多就只是這樣而已。與以色列的邊界是城牆。當時我們住的地方有個很大的內院，那裡曾住著一個信奉東正教的家庭、一個信奉猶太教的家庭與一個信奉伊斯蘭教的家庭；其中信奉伊斯蘭教的，就是我們家。我從不曉得與猶太鄰居住在一起是什麼樣的情

形。在 1948 年時，那個猶太人家庭就已經搬走了。不過，有人曾告訴過我，在日常生活中，一般人根本分辨不出我們之間有何差異。我們會一起慶祝所有的節慶，只不過，僅止於社會意義上的節慶，不涉及宗教意義上的節慶。」

在 1948/49 年的戰爭之後，以色列人與巴勒斯坦人之間、西耶路撒冷與東耶路撒冷之間，便不復存在任何接觸點。兩邊的民眾都無法料到的是，他們很快就會再度近距離接觸。因為以色列的約旦河引水計畫引發了始終不願承認以色列的阿拉伯諸國的不安。

約旦河引水計畫　　這項計畫的背後隱藏了些什麼呢？以色列宣布，希望能夠大規模地灌溉內蓋夫沙漠。為此，淡水是不可或缺的。然而，緊鄰這片沙漠的就只有地中海、紅海與死海這些含鹽的水域。相反的，在以色列北部則有這個地區最大的淡水水源加利利海。可是這座淡水湖的地理位置讓問題變得敏感，因為它正好位於敘利亞和以色列的邊界。

以色列打算利用水道將湖裡的淡水從北邊引往南邊的內蓋夫沙漠。然而，由於這座淡水湖的源河其實是位在黎巴嫩和敘利亞境內，因此阿拉伯諸國對此十分不滿。阿拉伯國家聯盟不惜採取各種手段，也要阻止以色列這項引用淡水的計畫。因為，可以想見，在內蓋夫沙漠大規模獲得灌溉後，隨之而來的必定是以色列人的大舉屯墾。而這個由猶太人所建立的國家在此地持續茁壯，並非阿拉伯諸國

所樂見。

　　無論是以色列還是阿拉伯諸國，他們雙方都不顧對方的想法。以色列繼續進行自己的約旦河引水計畫。阿拉伯國家聯盟則不甘示弱地展開了各種反制措施，他們也準備從源河來引水；就長期而言，此舉無異於為這個大型淡水蓄水池畫下句點。在這種你來我往的情況下，局勢也變得越來越緊張。

　　當時埃及總統納賽爾陷入了一連串其他的難題裡。在他的支持者看來，他那些廣受歡迎的關於阿拉伯民族主義的演說必須付諸實行。他並非當時唯一提出各種偉大構想的阿拉伯政治人物，因此他的聲望其實是飽受威脅。此外，來自內政方面的種種問題，也帶給納賽爾極大的壓力。在他自己的國家裡，經濟狀況著實慘不忍睹。許多埃及人都處於飢貧交迫的窘境裡。納賽爾顯然迫切需要一項對於自己領導實力的新證明，至少必須藉此來轉移自己國內的各種困局。

　　1967 年 5 月 17 日，納賽爾要求聯合國部隊撤出埃及。這些「藍衫軍」（迄今人們仍以這支部隊的上衣顏色來稱呼他們）當時是為了確保以色列與埃及的邊境和平而駐守在西奈半島。當時的聯合國秘書長宇譚（U Thant）對納賽爾的要求做了讓步。對於以色列政府而言，此舉無異是個最初的警訊。幾天之後，納賽爾下令封鎖蒂朗海峽。從

埃及封鎖蒂朗海峽

這時起，船隻再也無法抵達以色列的港口城市埃拉特。

這個交通樞紐是以色列與非洲和亞洲國家進行貿易的命脈。此外，以色列的石油需求也仰賴這個港口的輸入。此地與地中海城市阿什杜德（Ashdod）及海法之間設有輸油管。當時以色列除了向印尼購買石油外，另一個主要供油國則是親西方的伊朗；不過，後來這個國家也成為以色列的敵國。

油輪無法再航向它們的目的地埃拉特，此其一也。另一方面，納賽爾與他的敘利亞同僚則展開了一項反以色列的運動；他們甚至公然宣稱，一場對付以色列的戰爭即將來到。到了 1967 年 5 月 26 日，納賽爾宣布：「這將是一場偉大的戰爭，我們的宗旨便是消滅以色列……我很清楚，我們埃及與敘利亞擁有什麼樣的（軍事的）武器。我也很清楚，其他的國家，例如伊拉克，把他們的軍隊派往敘利亞。阿爾及利亞會派部隊前來。科威特也是。他們將派出坦克與步兵部隊。這是阿拉伯的實力展現。這些阿拉伯國家或許先前曾短暫地陷於絕望，可是這一回卻將是紮紮實實的反擊。」

敘利亞與埃及被視為堅定的盟友，可是約旦國王胡笙卻陷入了兩難。這位約旦的君主顯然無法在這場戰事裡袖手旁觀。在約旦王國裡占多數的巴勒斯坦人給他帶來了巨大的壓力。在第一次中東戰爭後，生活在被合併的約旦河

西岸地區與約旦難民營裡的巴勒斯坦人，遠遠超過了在約旦核心領土裡土生土長的約旦人。

胡笙國王眼見自己的權力飽受威脅，只好在 1967 年 5 月 30 日與埃及簽訂防禦協約。以色列也不甘示弱地建立起「民族團結政府」予以回應。這時居主導地位的，除了國防部長摩西・戴揚（Moshe Dayan）以外，還有不管部長*梅納赫姆・貝京。自 1956 年蘇伊士運河危機起，戴揚在以色列人民當中便享有極高的聲望。

以色列「民族團結政府」

＊ Minister without Portfolio，意指未被指派負責某一部門的部長，常見於內閣制。

除了以色列政府自己的「民族團結」以外，國際間也對以色列伸出了援手。只不過，在歷經了漫長的阿爾及利亞戰爭與國際間紛爭頗多的蘇伊士危機之後，法國此時已對軍事行動興趣缺缺，他們並不想捲入更多與阿拉伯人的軍事衝突。相反的，美國這位盟友這時倒是急著冒出頭。自約翰・甘迺迪就任美國總統後（其在位期間為 1961 至 1963 年），美國便開始加強對以色列輸出武器。在 1959 年時，美國對以色列的軍事援助大約為四十萬美元左右，不久之後，這筆款項便劇增至每年數百萬美元之譜。

美國政府軍事支援

為何美國政府要支援以色列呢？這無非是因為強大的以色列有利於美國。冷戰左右了當時國際政治的行為。當時美國的大敵是蘇聯。蘇共頭子列昂尼德・布里茲涅夫（Leonid Breschnew）讓埃及的彈藥庫與軍營裝滿了武器。埃及對以色列的勝利，不僅可以幫助蘇聯擴大自己的勢力

範圍，更能進一步鞏固美國所畏懼的共產主義。正如骨牌遊戲那樣，當第一塊骨牌倒下後，後面的骨牌便會一塊接一塊地跟著倒下（早自冷戰開始起，美國政府便已有了骨牌效應這樣的說法）。

然而，像軍事行動這類直接干預中東局勢的作為，卻並非美國政府所能負擔得起。是以，美國政府僅止於將飛彈、坦克與戰機送往以色列，可是絕不派遣自己的地面部隊以及由美國飛行員所駕駛的戰鬥機。在 1967 這個充滿危機的年代裡，這樣的舉措其實是很有理由的。因為，早在這之前，美國便已在越南捲入了一場慘烈的戰爭，這場戰爭勢必會為美國帶來災難性的結局。當時已有四十多萬美國大兵投身於東南亞的戰場。美國軍方實在派不出更多軍隊前往中東這個「火藥庫」。

在以色列看來，上述的種種事件（包括鄰國對以色列的約旦河引水計畫深表不滿、埃及與敘利亞大肆鼓吹仇視以色列、通往埃拉特港的海路被實際阻斷、阿拉伯國家組成軍事聯盟並大舉動員軍隊等）若非戰爭的準備，顯然也是極大的威脅。就在這樣的情況下，中東的局勢已到了一觸即發的危險邊緣。1967 年 6 月 5 日，以色列先發制人以其空中武力發動奇襲。在短短的一百八十分鐘後，埃及的戰機幾乎全軍覆沒，只有極少數的戰機僥倖得以升空。同樣的情況也發生在敘利亞的軍隊身上。

六日戰爭／六月戰爭／第三次中東戰爭

這時以色列政府向約旦國王表示，願意放約旦一馬。然而，胡笙・賓・塔拉勒一點也不想議和，因為埃及的新聞捷報頻傳。根據各種報導，埃及的軍隊顯然已經兵臨特拉維夫城下。這位約旦的君主一心只想站在勝利者這邊。他所不知道的是，埃及的種種捷報無非只是些愚民的宣傳罷了，它們之中沒有一件是真的！

在胡笙國王決定與這個由猶太人所建立的國家宣戰後，以色列的士兵便長驅直入約旦河西岸與東耶路撒冷。當時曾選擇逃亡的巴勒斯坦人**阿布杜—卡里姆・拉菲**表示：「當時我和我的母親及兄弟姊妹住在拜特塞法法（Beit Safafa；東耶路撒冷的一個城區）。我的父親則是在科威特工作。當戰事發生時，約旦的警察要求我們離開住處。於是我的母親便帶著我們逃往伯利恆。我們以步行的方式前往這個鄰近的地區，身上只帶著些許口糧與衣物。到了那裡，我們就在一間學校裡過夜，一直到戰爭結束。當我們回家時，原本的約旦軍人早已撤離，舉目所及，盡是以色列的阿兵哥。」

雅各・卡齊爾（Jakob Katzir）是以色列的軍人。在1956年時，他已曾於蘇伊士危機中參戰過。這回他則是跟隨軍隊從以色列的北部出擊，占領了敘利亞的戈蘭高地（Golan Heights）。當時他的裝備並不是最新的。「駕著舊的雪曼戰車（M4 Sherman；二戰時期由美國開發、製造的一

款戰車）登上戈蘭高地，實屬不易。當地有包括貝都因人在內的一些小型部落，不過他們並未攔阻。我們幾乎是不戰而勝——除了庫奈特拉（Quneitra），那裡有敘利亞的軍隊及其眷屬駐紮。」

以色列人推進的速度之快嚇壞了不少巴勒斯坦人。居住在難民營裡的**哈里瑪·薩納克雷**，當時曾親眼見到以色列軍隊開進納布盧斯：「我們原先以為那是阿拉伯的軍隊，人人歡欣鼓舞。突然間，那些士兵居然朝我們開槍。我們嚇得四處逃竄。就這樣一路步行至約旦邊界，沿途就在山洞裡過夜。後來我們才在紅十字會的協助下重返營區。」

至於巴勒斯坦人**納茲米·阿爾—德舒貝**則是經歷了以色列部隊開進東耶路撒冷的情形：「當時我的祖父聽到了許多聲響，他還以為伊拉克的軍隊已經兵臨耶路撒冷城下。先前就有傳言，伊拉克派了軍隊過來。他煮了一大鍋茶，並且把這鍋茶抬上街。我當時聽到有人用阿拉伯語大叫：『快把門關上！』我的祖父跑了回來，杯子和鍋子都掉到了地上。他口裡只是嘟囔著：『是猶太人，不是伊拉克人！』接著整個人便昏了過去。」

薩曼·褚里同樣也是在期待東耶路撒冷人口耳相傳的伊拉克軍隊：「當時我見到了我從未見過的坦克，我還以為那就是伊拉克的部隊。許多人都和我想的一樣，大家都在街頭上夾道歡迎這些軍人。大家都歡慶他們的到來，直

到終於發現，這些坦克其實並非開往以色列，而是開往東邊。當他們展開了第一波射擊，我們才總算看清，那些其實是以色列的坦克。」

不久之後，以色列的軍車便挺進到比爾澤特（Bir Zeit），這裡是約旦河西岸拉姆安拉所屬的一個小地方。居住在此的巴勒斯坦人**喬婕特·薩黛**，同樣也被突如其來的以色列軍隊所驚嚇：「當時我正在花園裡修剪花木。接著就有一輛以色列的坦克停在我們家前面。那些士兵問我，要不要來點橘子？我說，有何不可。接著他們便給了我三顆。那是來自雅法的橘子。」

雅法是世界上最古老的港口之一，早在 1948 年的第一次中東戰爭之後，它就已經被納入猶太人的版圖裡。而 1967 年的這場戰爭則是在最短的時間內再次改變了中東的版圖。這場戰爭讓以色列成了占領國。以色列的部隊不僅在加薩走廊、約旦河西岸、東耶路撒冷與戈蘭高地插旗，就連西奈半島也和 1956 年一樣再度被以色列所占領。由於以色列軍隊的快速獲勝，「六日戰爭」一詞很快便傳頌於世界各地。

1967 年 6 月 10 日，由聯合國所斡旋的一份停戰協議正式生效。聯合國安理會在 242 號決議中要求「以色列部隊必須撤出在這波最新衝突期間所占領的地區」，此外，「這個地區的每個國家都必須承認以色列的主權，並且承

聯合國安理會 242 號決議

認以色列有權在穩固與公認的邊界內不受威脅或武力行動侵擾和平地生活……」在法文版的決議文裡，不僅提到了「地區」，而且還明指「各個地區」，換言之，這代表著以色列必須從所有占領區撤軍。

交戰雙方其實都無心接受聯合國的這項決議。以色列政府依然故我地堅守著占領區。阿拉伯諸鄰國也不急著承認這個由猶太人所建立的國家。以色列軍隊出人意料的勝利以及西奈半島遭到了占領，不僅震驚了所有的埃及人，就連他們的總統也慘遭波及。納賽爾一度廣受歡迎的阿拉伯民族主義演說，這時再也沒有什麼聽眾願意聆聽。

在六日戰爭之後，納賽爾的聲望在巴勒斯坦人當中驟降到了前所未有的低點。這時他們淪落到在政治與經濟方面得完全受制於自己的大敵──以色列。在對埃及深感失望之餘，許多巴勒斯坦人開始尋求新的領導與思想。迄今為止不太受到重視的巴勒斯坦反抗運動很快便流行了起來。許多巴勒斯坦人著手組織了不少新的、而且往往是極為激進的團體。

巴勒斯坦人**納茲米‧阿爾─德舒貝**還記得以色列人剛開始占領東耶路撒冷的情景：「當時以色列暫停戒嚴兩小時。我和我的家人便出來在舊城裡走動走動。我們途經摩洛哥人的住宅區，可是那個住宅區已不復存在。我看到不少推土機將一切夷為平地。許多士兵在廢墟上手舞足蹈。

他們用一種我聽不懂的語言在高呼著。所有的人顯然都為了慶祝勝利在開懷暢飲。我不禁哭了起來。我所認識的許多朋友曾經住在這裡。我很熟悉這個住宅區原本的樣貌。推土機摧毀了這裡的一切，只為了在這裡整理出一大片廣場給前來哭牆參拜的民眾。在那之前，牆的前面只有一條寬寬的走廊。」

出生於西耶路撒冷的**齊賈克·菲勒（Jitzchak Feller）**，當時曾與父親前往哭牆。自從 1949 年之後，以色列人便無法去參拜這個地方。因為第一次中東戰爭結束後，這個城區便落入了約旦人手裡。在約旦軍隊將猶太區的居民驅逐後，這個地方便陷於荒蕪。當時猶太人曾一度無法來到哭牆。

六日戰爭改變了這樣的狀況。如今他們又可以來參拜這個被許多猶太人視為聖地的處所。和他的父親一樣，齊賈克·菲勒也在以色列從事記者的工作。「當時我們穿過獅門進到舊城。由於我父親在 1935 年時就來到了以色列，因此他對哭牆還有印象。他在年輕時經常往這裡跑。直到 1948 年之前，猶太人還能到這裡憑弔。可是在約旦人占領的期間，也就是從 1948 至 1967 年這段期間，猶太人就不能再去了。當時我父親將他的手放在牆面上，並且將自己的頭貼在手上。他呆若木雞地盯著牆。這是我生平首次見到自己的父親哭泣。我不曉得，究竟什麼讓我比較感動，是哭牆、還是我父親？」

納茲米・阿爾—德舒貝一家人後來中斷了他們的舊城之行，隨即返家。「當我們回到家時，我父親沉默不語。大約整整兩周的時間，我每天都看見他就這麼安靜地坐在客廳的某個角落裡，他顯然陷入了沉思。可是我們畢竟還得繼續過活，當時的狀況其實幫了我們。因為那時舊城裡擠滿了從以色列各地前來參拜哭牆的民眾。他們就在大街上唱起歌來。」

當時的以色列國防部長摩西・戴揚在戰事尚在進行中便已先來參拜過哭牆。這位以色列的政治人物表示：「我們重新整合了被瓜分的耶路撒冷、這個被割裂的以色列首都。如今我們重返我們的聖地，我們將再也不與它們分離。」

巴勒斯坦人納茲米不僅記得當時深受打擊的父親，更對戰後經濟繁榮的景象記憶猶新：「雖然我們很憤慨，但這也是無可奈何的事。況且，我們的經濟狀況後來的確有所改善。我們店裡販賣的東西無不被以色列人一掃而光。當時我父親販售的是香料與一些東方的甜食。倉庫很快就空了。對以色列人來說，我們的商品簡直是太便宜了。畢竟這裡的物價與以色列那裡有很大一段落差。」

雖然巴勒斯坦的經濟有以色列這個市場注入了活水，可是此後它卻得受制於以色列政府。不過，除了貨物可以暢行無阻以外，另一方面，從這時起，巴勒斯坦人還可以

前往加薩走廊、約旦河西岸或以色列，去探視那些居留在當地的親戚朋友。自從 1948/49 年的第一次中東戰爭後，居住在約旦河西岸與加薩走廊的巴勒斯坦人便被迫分開，因為它們之間夾著以色列這個國家。有部分未於 1948 年逃亡或未被驅逐的巴勒斯坦人便居住在這些地方。在六日戰爭結束後，分散於以色列、約旦河西岸與加薩走廊、睽違近二十年的巴勒斯坦親友們總算得以再度團聚。

穆雅莎‧薩拉瑪（Muyassar Salamah）於 1928 年在拿撒勒出生。她還記得，當 1948 年戰爭爆發時，許多巴勒斯坦人就此相互分離的情景：「許多原本住在拿撒勒的人都逃往黎巴嫩。我們雖然選擇留下，可是卻一直躲在一個洞穴裡。當時我已經有兩個兒子，而且肚子裡還懷著第三個。」在戰爭勝利後，以色列政府便宣布將拿撒勒納入以色列的版圖。根據 1947 年的聯合國巴勒斯坦分割方案，這個幾乎只有巴勒斯坦人居住的城市，原先其實是要預留給由巴勒斯坦人所建立的國家。

後來穆雅莎‧薩拉瑪離開洞穴並且返回拿撒勒。從那時起，拿撒勒便改由以色列士兵巡邏。一直要到六日戰爭之後，這位婦女總算才能前往約旦河西岸。在這之前，她連如傑寧這類距拿撒勒僅三十公里之遙的城市都不能去。

「見到當地的民眾，我不禁悲從中來，因為他們實在太貧窮了。有位婦女只是賣點黃瓜和番茄。當時那裡的蔬菜

非常便宜，因此我們經常會去那裡買菜。」許多以色列人都和穆雅莎‧薩拉瑪有著同樣的行為，他們都會去向巴勒斯坦的商販購買食物或日用品。像是修車或在餐廳用餐，都只需要在以色列支付費用的一小部分。

安瓦‧阿拉法特在加薩開了一家店，並且在自己的店裡製造阿拉伯的甜食。在六日戰爭前，許多埃及的商人與旅客都會到加薩走廊購物。因為這塊巴勒斯坦人所居住的地區自 1948/49 年的戰爭後便由其南方的鄰邦所管領。在六日戰爭後，安瓦‧阿拉法特歷經了埃及的撤軍。「迄今還

1967 年的六日戰爭結束後，大量的以色列人湧入位於耶路撒冷舊城的哭牆。自從 1948/49 年的第一次中東戰爭後，以色列人曾一度無法前往此地。

能在我家的牆上見到 1967 年那場戰爭所留下的彈孔。來我的甜食店光顧的客人，從原本的埃及人變成了阿拉伯裔的以色列人和一些猶太人。他們多半只會買一點嚐嚐鮮，不會大量購買。不過這間店主要還是依靠大筆的訂單維生，例如用在一場婚禮上的兩百公斤甜食。金錢總是來來去去，這點倒也無所謂。只不過，最嚴重的是，我們喪失了我們的尊嚴。」

居住在東耶路撒冷的巴勒斯坦人，除了自己的約旦證件以外，又收到了另一種證件。在東耶路撒冷長大的**薩曼‧褚里**表示：「一直到我十九歲大的時候，我都還活在約旦的統治下。我擁有約旦的護照。自 1967 年起，我變成在以色列的統治下生活。我拿到了一紙證明，上頭寫著，我是耶路撒冷的居民。他們都想主宰我的人生。可是我始終是同一個巴勒斯坦人。」**阿布杜─卡里姆‧拉菲**的情況也差不多：「無論如何我都巴勒斯坦人，對於這一點我自己從不曾懷疑過；問題其實只是，別人是如何看你。」

起初，以色列人**齊賈克‧菲勒**覺得十分興奮。然而，在他與自己的父親於哭牆前祈禱完歸來後，他不禁開始懷疑：「原先我還認為這真是太棒了，我完全被勝利沖昏了頭。然而，過了一段時間之後，我慢慢看到了其中的問題，我發覺，事情並非如我所想的那麼簡單。當時我意識到了，對方對我們的仇恨變得越來越大！」

以色列占領下的巴勒斯坦人與阿拉法特領導下的巴勒斯坦民族運動

有位學生在開羅大學的校園裡逐漸受到矚目。這位對政治充滿熱情的年輕學子領導了一個巴勒斯坦的學生組織。他的母親來自胡笙家族，這個家族在耶路撒冷頗具影響力。在 1956 年的蘇伊士危機裡，他曾在埃及的軍隊裡擔任過爆裂物專家。

巴勒斯坦民族解放運動「法塔赫」

這個巴勒斯坦人後來與一群志同道合的夥伴在科威特成立了一個屬於自己的政治團體。他們自稱為 Harakat at-Tahrir al-Falastin，意即「巴勒斯坦民族解放運動」。如果將這個名稱的每個阿拉伯文單字的第一個字母取出，便可組成 Hataf 一字，這個字在阿拉伯文裡意即「死亡」。若是將這個字倒過來念便成了 Fatah，在阿拉伯文裡即「勝利」之意。這位巴勒斯坦人從此一路帶領著這項運動，直到他於 2004 年逝世為止。他的「註冊商標」是一條自頭頂垂至肩膀的白底黑紋頭巾。在所有有亞西爾‧阿拉法特（Yassir Arafat）出現的照片裡，幾乎沒有一張他是不戴這種所謂的「阿拉伯頭巾」（Keffiyeh）。

阿伊曼‧阿法納（Ayman Afana）在「法塔赫」（Fatah）成立了數十年之後加入了這項運動。正如許多其他的巴勒斯坦人那樣，他也視阿拉法特為自己的偶像。在

難民營或巴勒斯坦人所居住城市的牆上，都可見到阿拉法特的海報。當時他幾乎每天都會出現在報紙上。「我曾經在加薩見過阿拉法特。當時的心情就好比有人送了我一百萬美元。打從我懂事以來，我一直是法塔赫的成員。當時我是第一次親眼見到了阿拉法特本人。我們還握了握手。我覺得自己真是有夠幸運！」這場會面發生在 2000 年。當時

阿拉法特的知名度至今尚無其他巴勒斯坦的政治人物能出其右：亞西爾‧阿拉法特（攝於 1978 年）曾擔任巴勒斯坦解放組織（簡稱 PLO）的領袖與巴勒斯坦民族權力機構（簡稱 PNA）的主席。

阿拉法特與他的法塔赫，除了受到自己的忠實成員支持以外，早已不像過去那樣廣受各界愛戴。

2000年的情況完全無法與1967年的情況同日而語。在六日戰爭之後，法塔赫這個團體日益獲得巴勒斯坦民眾的關注，尤其是在難民營裡。除了培訓年輕男女在軍事與政治方面的知識與技能，法塔赫還同時推動許多社會計畫，藉此來籠絡民心。雖然這些工作都需要大量的金錢，可是財源對於這個組織而言顯然不成問題，因為靠販售石油致富的科威特與沙烏地阿拉伯等國家都願意慷慨解囊，協助這項運動的進行。

這些鄰邦的財源挹注使法塔赫得以從蘇聯那裡購得大量的武器。法塔赫的戰士主要是在約旦與敘利亞等國進行訓練。在六日戰爭後，巴勒斯坦人的武器採購，例如蘇聯製的卡拉希尼科夫攻擊步槍，反倒成了一件容易的事。當時中東地區的軍隊不斷地在擴充，黑市充斥著許多被淘汰的武器。

法塔赫將自己定位成俗世的而非宗教的運動。在加薩走廊為這個團體工作的**胡笙・阿布・阿赫拉耶爾（Hussein Abu Ahlayel）**表示：「我加入了法塔赫的行列。這個組織十分多元，包含了穆斯林、自由派與共產主義等各種團體。所有巴勒斯坦的民眾都有各自的代表參與。不過，解放巴勒斯坦則是我們共同的目標。我們會用盡一切手段來

達成這個目標。」

　　法塔赫以極為隱密的方式在以色列與東耶路撒冷、約旦河西岸和加薩走廊等占領區裡活動。由於其所屬成員為以色列軍方緝捕的對象，因此該組織便將彈藥庫、辦公室與訓練營設於鄰國約旦。當時埃及的西奈半島已落入以色列部隊的手裡，相反的，約旦這邊通往占領區則有條既長又難防守的邊界。法塔赫可以輕鬆地將武器與人員帶進約旦河西岸。

　　這樣的情況給約旦國王胡笙帶來了麻煩。這位約旦君主眼見自己的權力受到威脅。因為有越來越多待在約旦的巴勒斯坦人加入了該國內部的反抗團體。他們越來越不認同這個王國。約旦的王室不得不擔心自己是否會被推翻。在這當中，胡笙國王最忌憚的，莫過於巴勒斯坦解放組織。這個組織的辦公室就設在約旦的首都安曼。

巴勒斯坦解放組織

　　在阿拉伯國家聯盟於 1964 年所召開的一場峰會上，多個阿拉伯國家聯手催生了巴勒斯坦解放組織。它後來發展成一個統合了許多巴勒斯坦的黨派與運動的屋頂（傘狀）組織。巴勒斯坦解放組織代表了包含生活於其他國家的巴勒斯坦難民在內的所有巴勒斯坦人的利益。原本身為法塔赫領導人的阿拉法特，不久之後便接掌了巴勒斯坦解放組織；從 1969 年起，直到他於 2004 年逝世為止，阿拉法特一直擔任該組織的主席。在巴勒斯坦解放組織的草創時

期，支持最力的推手應屬當時的埃及總統賈邁勒‧阿卜杜勒‧納賽爾；事實上，在那之前他已協助過巴勒斯坦的戰士多年。

巴勒斯坦民族憲章

在 1968 年時，巴勒斯坦解放組織通過了一項基礎綱領 ——《巴勒斯坦民族憲章》(*Palestinian National Charter*)。這部憲章的第 33 條宣示了，巴勒斯坦為「阿拉伯暨巴勒斯坦民族的故土」。英國託管地的疆域即為該國的疆域。以色列的建國係「全然非法」。「武裝戰鬥是解放巴勒斯坦唯一的途徑」。「為重新贏回並解放自己的祖國」，巴勒斯坦人必須「做好武裝戰鬥與犧牲自己的財產和生命的準備」。

這些激進的巴勒斯坦團體給約旦國王帶來越來越多的問題。在 1970 年 9 月，他們甚至計畫要行刺約旦國王，

黑色九月事件

只不過，計畫最終還是宣告失敗；從這時起，約旦王室便開始採取各種強硬的手段對付滯留於其國內的巴勒斯坦團體。約旦軍方大力掃蕩巴勒斯坦解放組織的活躍分子。當時安曼的街頭宛如陷入了內戰的狀態。與此同時，部分激進的巴勒斯坦人還劫持了多部民航機。日後人們便以「黑色九月」(Black September) 來稱呼這一連串的事件。於是，巴勒斯坦解放組織被迫離開這個王國。然而，這並不代表該組織已經窮途末路。相反的，他們乾脆轉往黎巴嫩的首都貝魯特重起爐灶。

在這段時期裡，有個名為「解放巴勒斯坦人民陣線」

（Popular Front for the Liberation of Palestine； 簡 稱 PFLP） 解放巴勒斯坦人
民陣線
的團體特別受到矚目。解放巴勒斯坦人民陣線與法塔赫同
為巴勒斯坦解放組織旗下的團體。喬治・哈巴什（George
Habash）在 1967 年的六日戰爭後成立了這個團體。他的雙
親是信奉基督教的巴勒斯坦人，儘管頗具影響力，可是在
巴勒斯坦人當中仍屬於少數。生活在以色列占領區裡的巴
勒斯坦人絕大多數都是信奉回教。在 1948/49 年的第一次
中東戰爭期間，當時年少的哈巴什曾從巴勒斯坦逃亡到黎
巴嫩。他先在那裡攻讀了醫學，後來則投身政治。解放巴
勒斯坦人民陣線的目標是成立一個大一統的阿拉伯國家。
在這個激進的團體看來，以色列根本就沒有生存權；西方
國家不該再對這個地區施加任何影響。

　　由法塔赫與解放巴勒斯坦人民陣線的成員所組成的
「黑色九月」（Black September Organization）吸引了全世界
的關注。這個名字是為了要紀念 1970 年 9 月各個激進的巴
勒斯坦組織被迫離開約旦。在 1972 年的慕尼黑奧運期間， 慕尼黑慘案
八名黑色九月的活躍分子潛入了以色列選手居住的選手村
裡。他們挾持了十一名以色列人為人質。釋放兩百多名在
以色列被逮捕的巴勒斯坦人是他們的要求之一。

　　這場挾持人質的事件最終在喋血中以悲劇收場；除了
十一名以色列選手與五名黑色九月的成員喪生外，另有一
名德國員警也在這場事件中不幸殉職。由史蒂芬・史匹柏

所執導的電影《慕尼黑》(*Munich*)，便是以這樁慘案為出發點。不過，這部電影的重點則是擺在以色列的軍事行動──天譴行動（Operation Wrath of God）。以色列情報及特殊使命局「摩薩德」(The Mossad)的幾名探員，在世界各地追查涉嫌劫持人質的主謀並且將他們殺害。

解放巴勒斯坦人民陣線的一連串劫持與暴力行動，不僅造成了自己所屬成員的不安，甚至還引發了內鬥。在1969年時，解放巴勒斯坦人民陣線所屬的一個派系自立門戶為「解放巴勒斯坦民主陣線」(Democratic Front for the Liberation of Palestine；簡稱 DFLP)，這個新成立的團體完全不願宣示放棄暴力。**納茲米·阿爾─德舒貝**也是這個團體的成員。這位出身於東耶路撒冷的巴勒斯坦人，早在學生時期就已有過政治的初體驗。「有位老師影響了我，促使我投身政治。當時我加入了約旦的共產黨。可是任何形式的組織在以色列都是不被允許的。我們會分發一些報紙。這些報紙都是祕密印製的。我們希望透過它們能夠增強反抗占領者的意識。我很擅長演說。當時每隔兩、三天我們就會組織一場小型的抗議活動。占領者要的是平靜，這正是我們所要阻止的。」

為此，以色列政府決定採取各種手段來壓制示威活動。巴勒斯坦人與以色列軍隊之間的爭鬥往往以流血收場。納茲米·阿爾─德舒貝對於當時的種種衝突還記憶猶

新:「以色列的士兵過來，我們就以石頭伺候。他們會用催淚瓦斯對付我們，或是馬上用棍子攻擊我們。我曾經先後在不同的監獄裡蹲了三十個月。罪名是：成立非法組織。每當這個國家陷於不安，有時士兵每兩周就會來把我抓走。我曾多次遭受行政拘留（未經審判程序的拘留）。我在獄中學會了希伯來文。因為每個人都會互相傳授別人一點知識。我曾在獄中教過別人歷史與藝術。」

　　巴勒斯坦的團體往往會使用一些能表現出自己的意圖與宗旨的符號。在法塔赫的標誌上，除了有兩把相交的武器與一顆手榴彈以外，後方（與解放巴勒斯坦人民陣線的符號一樣）還繪有不存在以色列這個國家的巴勒斯坦歷史版圖。

1973 年——一方稱贖罪日戰爭，另一方稱齋月戰爭

1973 年 10 月 6 日，這天是猶太人的贖罪日。當天早上**齊賈克·菲勒**正準備要前往猶太教堂。在這個對他們來說是最重要的節日，許多猶太人都會去做禮拜，直到那一天太陽下山為止。在那之後齋戒也跟著結束，某些人在過了二十四小時之後才重新回復飲食。對於許多猶太人而言，1973 年的贖罪日可說是絕無僅有的一個贖罪日——對於齊賈克·菲勒也不例外。

「當時我正在前往猶太教堂的路上，街上的人們熙來攘往。那時大約是上午九點半左右，是一個放假日。情況著實有些不尋常。我當時在想，今天街上的人潮也太多了吧。在禮拜結束後，我見到了更多的車輛——都是些軍車。接著以色列全國便響起了警報。」

當時發生了什麼事呢？埃及的軍隊對駐守在西奈半島的以色列軍隊發動了攻擊。與此同時，敘利亞的部隊也朝戈蘭高地進軍。這兩個地區在 1967 年的六日戰爭後全都落入以色列的手裡。以色列在短短幾小時之內便腹背受敵。無論是在南邊的埃及沙漠，還是在北邊的山區，以色列都沒有足夠的防禦。許多以色列士兵這一天都待在家裡過節。

喧囂的警報瞬間結束了返鄉的假期。**梅圖卡·阿爾佩**

贖罪日戰爭／齋月戰爭／第三次中東戰爭

（**Metuka Alper**）當時正與丈夫齊維坐在自己家裡的客廳。
「我們育有四名子女。當時我們看到街上滿是軍人。接著我
們就接到了軍方的來電。那時的情況十分艱困。我的丈夫
問候了我們的子女一聲後，隨即便離去。其中一個當時年
僅一歲大的男孩不禁哭了起來。」她的丈夫在回想當日的
情形時表示：「那場戰爭突如其來。我根本來不及做準備，
隨手抓起我的制服與軍靴就出門了。」

　　1973 年的這場戰爭後來在以色列的歷史課本裡以猶太
人的「贖罪日」（Yom Kippur）來命名。相對地，由於當時
正值回教的齋戒月，因此阿拉伯人通常都以「齋月戰爭」
（Ramadan War）來稱呼它。埃及軍方將攻擊以色列的計畫
命名為「薩拉丁行動」（Operation Saladin）。這個行動代號 **薩拉丁行動**
是出自回教君主薩拉丁於 1187 年 10 月攻占耶路撒冷的典
故。當時這個城市在十字軍進駐後已落入基督徒手裡。

　　當時人在海法海灘的**雅各．卡齊爾**，也被突如其來的
警報嚇到。「那天我和幾位朋友在海邊過夜。其中一位朋友
問我：『那是什麼？』我開玩笑地回答他：『那是軍隊在叫
我們去吃早餐！』可是接下來我果真見到到處都是軍人。
有人對著我大喊：『快點，我們和敘利亞人與埃及人打起
來了！』我隨即搭乘計程車返家，這時軍方已經派人來找
我，要趕緊帶我回部隊。當時我的軍階是少校。」

　　當時駐守在西奈半島的以色列士兵**艾維．戈倫**（Avi

Goren），對於這場突襲倒是不感到意外。「先前我就見到埃及方面聚集了越來越多的坦克與士兵。而且這些埃及人顯然在準備橫渡運河。凡此種種我們全都看在眼裡。因此，當時我們已進入了警戒狀態，每晚我們都得著制服就寢。我們必須在五分鐘之內完成作戰準備。」

埃及的軍隊似乎是有備而來。士兵們很快就渡過了蘇伊士運河。在這之前，埃及與敘利亞的空軍已對以色列的各個陣地發動攻擊。以色列士兵艾維·戈倫回憶道：「戰事發生的最初時刻我就站在蘇伊士運河前。地平線上的黃色沙漠整個染黑。許多飛彈不斷落在我們這邊，我們的坦克一輛接著一輛遭到封阻。我當時是坦克駕駛員，開著一輛我們在 1967 年的戰爭中從約旦人手裡奪來的戰車。我們以四人為一個單位：一名指揮官、一名駕駛、一名砲手與一名裝填手。我們試圖前往位於運河旁的陣地，在那裡我們可以阻止埃及人橫渡運河。我們瘋狂地對著他們的船艦開火。許多身負重裝備的埃及人根本無法游泳。」

艾維·戈倫在戰爭剛開始的幾個鐘頭裡與埃及的部隊發生了激烈的戰鬥。「每當埃及人擊中我的坦克，我的隊員非死即傷，接著我就得更換隊伍。我有整整六天幾乎不吃不睡。那時我真的累得要命。有一回整輛戰車都起火了。一時之間我整個人都失去了意識，直到車裡的高溫將我熱醒。我不由得大喊：『我死了！我死了！』稍後我才意識

到，如果我能喊叫，那麼我應該還活著。」

雅各・卡齊爾少校當時則是見到許多身著便服的士兵在浴血奮戰。許多人根本就沒有時間為戰事做準備。「敘利亞人用飛彈攻擊我們。我不眠不休連續打了三天三夜的仗，那段期間也幾乎沒有飲食。後來甚至連坦克所需的油料也告罄。我們用烏茲（以色列製的輕型衝鋒槍）以及從死去的敘利亞士兵那裡奪來的卡拉希尼科夫攻擊步槍作戰。過了幾天之後，有更多的士兵湧向我們。我永遠忘不了這一仗。在這樣一場戰爭裡，你會忘了自己的老婆和孩子。你唯一有的念頭就只是：該怎麼做我才能活下去？」

當時**梅圖卡・阿爾佩**一直在等待丈夫能從前線向家裡報個平安。「我當時心急如焚。我的母親過來陪我，順便幫幫我和孩子們。我還是一如往常每天都到學校裡工作。我當時任教於一所宗教學校，在學校裡教授文學與希伯來文。過了一段時間之後，我終於收到了他的第一封來信。」

1973 年這場戰爭的效應波及到中東以外的地方。阿拉伯國家憑藉自己豐富的油源，向西方國家，特別是支持以色列的國家，進一步施壓。當時已為人所知的油田泰半位於諸如沙烏地阿拉伯、伊拉克與科威特等國。阿拉伯諸國在 1973 年時刻意提高石油售價，此舉致使許多西方國家引發經濟危機。只不過，這場戰爭顯然很快就會分出勝負。

以色列人梅圖卡・阿爾佩希望自己的國家能獲勝；相

反的，巴勒斯坦人**薩曼・褚里**則希望以色列落敗。這位巴勒斯坦人曾祕密援助巴勒斯坦的一些反抗團體。阿拉伯諸國所發動的奇襲對他而言來得正是時候。「當時我深感幸運，因為我以為我的解放就在眼前。我在等待著約旦軍隊的到來。」

然而，約旦國王胡笙卻對自己的軍隊大舉參戰感到興趣缺缺。阿拉伯諸國如同在第一次中東戰爭時那樣對巴勒斯坦也是各懷鬼胎。當時的埃及總統穆罕默德・艾爾・沙達特（Muhammad Anwar El Sadat）對巴勒斯坦解放組織許以約旦河西岸。最晚自 1970 年的「黑色九月事件」起，這個巴勒斯坦的解放組織便成了約旦的大敵。因此胡笙國王對約旦河西岸另有打算——他想要一如第一次中東戰爭後那樣，將這塊地區納入自己的王國。

然而，以色列的軍隊不但阻止了阿拉伯部隊的進兵，很快的，他們甚至展開了反撲。一方面猶太戰士長驅直入敘利亞的領土，利用空中武力大舉轟炸敘利亞首都大馬士革。另一方面，在埃及這邊，以色列士兵先是橫渡蘇伊士運河，繼而陳兵開羅。

直到以色列分別與敘利亞（於 1973 年 10 月 22 日）和埃及（於同年 10 月 24 日）達成停戰協定之前，共有約兩千七百名以色列人與兩萬多名敘利亞人和埃及人在這場戰爭中喪生。正如在所有以阿戰爭中那樣，各方所統計出的

傷亡人數總是相去甚遠。可以確定的是，以色列的士兵訓練得的確比其阿拉伯敵人來得精良。總體說來，他們擁有較多的經驗，其中不乏曾在1948年（第一次中東戰爭）、1956年（蘇伊士危機）與1967年（六日戰爭）參戰的士兵。此外，自1967年起，以色列的士兵更一再投入諸巴勒斯坦占領區裡的戰鬥活動。由於先前被嚴格保密的以色列軍事文件近年來已陸續公開，因此以色列當時實際的傷亡人數如今已能確定。至於阿拉伯國家的傷亡人數迄今仍然只能依賴歷史學家的推估。

聯合國安理會於1973年10月22日全數通過了第338號決議。決議中指出：「安理會決議，參戰諸方立即同時停火，並且在適當的主持下以在中東建立公正暨持久的和平為目標進行談判。」與此同時，這些中東的國家也必須開始落實第242號決議。如前所述，這項決議一方面要求以色列必須從各占領區撤軍，另一方面也要求阿拉伯諸國必須承認以色列這個國家。

聯合國安理會338號決議

在贖罪日戰爭之後，**雅各‧卡齊爾**少校不禁得出一個痛苦的總結：「我的八十二名部屬中有十七人喪生。他們的父母一直想要向我打聽，他們的兒子究竟是在哪以及怎麼死的？我總是告訴他們：『他是立即死亡的，死前不會感受到絲毫的痛苦，這裡，就是在這個位置，過了短短一秒他就陣亡了。』」難道我該老實地告訴他們，他是在戰車裡

129

被活活燒死？我只能說，軍官難為！在我們這裡流傳著一首叫做《男人只在夜間流淚》的歌，那是首相當優美的歌謠。我曾經見過許多男人流淚，即使是在白天。」

　　隨著戰事的落幕，當時以色列的女總理果爾達‧梅厄也離自己的下台不遠了。這段期間她飽受國內輿論責難。為何埃及與敘利亞能夠好整以暇地備戰？為何以色列派駐在海外的特務事先沒有傳回來任何情報？這些令人尷尬的問題都是以色列政府無法回答的。最後果爾達‧梅厄便與

前以色列總理果爾達‧梅厄與前以色列國防部長摩西‧戴揚。

她的國防部長摩西‧戴揚共同引退。

對於敵方備戰的疏忽從六日戰爭的結果便可看出端倪。在快速大獲全勝後，以色列這邊幾乎沒有人認為阿拉伯方面有辦法再度發動攻擊，更遑論要在這麼短的時間之內。

亞伯拉罕‧巴蘭姆是位職業軍人。這位從軍多年的職業軍人還看出了這場戰爭的經濟因素：「每個人都認為戰爭會來。可是不知為何它就是遲遲不來。我們總是說，我們應該有所準備。應該這樣、應該那樣、應該怎樣怎樣……我們的確做了準備。可是在毗鄰埃及與敘利亞的邊界我們顯然做的不夠多。我們的軍隊是以後備軍人為基礎。可是動員後備軍人的代價很高，因為這會妨礙到我們的整個經濟。」

雅各‧卡齊爾少校也屬於後備軍人。在 1973 年的戰爭結束後，他便返回民間的工作崗位。「我在『艾格德』這家國營的巴士公司擔任技工。後來我也擔任導覽的工作，為美國、波蘭與俄羅斯的觀光客介紹以色列。」以色列的觀光地區隨著戰事結束規模也跟著再次縮小。先前所占領的西奈半島於 1982 年歸還給埃及政府。至於戈蘭高地，以色列政府則不願歸還敘利亞。不過聯合國的部隊倒是確保了連接這個鄰國的邊境。

以色列的部隊之所以撤出埃及有許多原因。沙達特的

舉措是其中之一。這位前埃及總統雖然要為在贖罪日向以色列發動奇襲負責。可是到了 1977 年 11 月，這位從前的鷹派卻表現得像隻和平鴿。為了拿回埃及的西奈半島，沙達特已做好委曲求全的心理準備。他不但願意與以色列簽訂和約，甚至還提議，親自前往以色列議會發表演說。當時的以色列總理梅納赫姆・貝京接受了沙達特的建議，並且邀請他前往耶路撒冷。

沙達特演說

這位埃及總統的演說不僅留給以色列的國會議員們深刻的印象。自從以色列建國以來，第一次有一位阿拉伯國家的元首提出與這個猶太鄰邦和平共處的言論。「生活在這片神的土地上的我們眾人——無論是穆斯林、基督教徒或猶太教徒——除了共同讚揚所有的神，此外無他。神的教誨與要求是：愛、正直、和平。你們想要與我們一起生活在世界這個部分。我以最誠摯的態度告訴你們：我們歡迎你們加入我們。過去我們曾經拒絕過你們。當時我們有自己的理由和需求。……然而，如今我要告訴你們——而且我也要告訴全世界——我們願意與你們在持久、公正的和平下共同生活。」

大衛營協議

當時的美國總統吉米・卡特（Jimmy Carter）積極斡旋埃及的總統與以色列的總理續行進一步和平談判。於是沙達特與貝京這對原本的大敵便在美國總統的度假地大衛營進行數日交涉。最後雙方終於在隔年，也就是 1979 年 3

月，正式簽署了和約。在簽署和約的前一年，沙達特與貝京就已因致力推動和平而獲頒該年度的諾貝爾和平獎。

　　然而，埃及總統的舉措卻讓他在視以色列為寇讎的阿拉伯世界裡樹立了不少敵人。諸如否定以色列生存權的巴勒斯坦人與激進的穆斯林等，都對沙達特發出了強烈的抨擊。1981 年 10 月 6 日，沙達特不幸遇刺身亡。一名埃及的伊斯蘭聖戰運動成員在開羅的一場閱兵典禮上槍殺了這位埃及總統。

　　這個聖戰運動的背後究竟隱藏了些什麼？在阿拉伯文裡，Jihad 意指「致力」或「奮鬥」，在回教的宗教意義上則意指「無條件地為神與穆斯林共同體奮鬥」。無條件可以代表著：不顧自己的生命或財產。在這當中有大、小 Jihad 之別。所謂的大 Jihad 指的是，信徒克服自己的不端與自我的爭鬥。小 Jihad 所涉及到的則是守護與宣揚伊斯蘭教。Jihad 一語往往被籠統地譯為「聖戰」。敘利亞與伊朗的政府有時與這些聖戰組織走得很近。成立於 1979 至 80 年之間的巴勒斯坦伊斯蘭聖戰運動（Palestinian Islamic Jihad；簡稱 PIJ），其總部便設於敘利亞首都大馬士革。

聖戰 Jihad

　　另一方面，在伊朗發生的種種事件也促成了伊斯蘭聖戰運動。在 1978 與 79 年期間，成千上萬的伊朗人走上街頭抗議自己的政府。在這場所謂的「伊斯蘭革命」背後，存在著包含激進的伊斯蘭運動與社會運動在內的許

伊斯蘭革命

多團體。這群抗議者主要是希望能夠改善慘不忍睹的經濟現況。在伊朗政府被推翻後,革命領導人魯霍拉‧穆薩維‧何梅尼(Ruhollah Moosavi Khomeini)宣布建立「伊斯蘭共和國」。原本施行的法律被嚴格的宗教律法,亦即「伊斯蘭教法」(Sharia)所取代。從此以後,政治領袖改由穆斯林神職人員出任。

無論是溫和的穆斯林、激進的伊斯蘭團體或是伊斯蘭聖戰運動,都覺得自己從伊朗的革命裡獲得了承認。這股社會的伊斯蘭化潮流並未止於加薩走廊與約旦河西岸。許多人都試圖在信仰裡尋找一個在現實當中達不到的更好未來。在巴勒斯坦占領區的難民營裡,伊斯蘭聖戰運動的生力軍與日俱增。

1970 年代末期,許多生活在以色列的人都無法回復平靜的日常生活。六日戰爭大獲全勝的興奮感宛如過眼雲煙很快就消失殆盡。以色列人除了經歷了巴勒斯坦的許多組織所發動的種種恐怖攻擊,更經歷了阿拉伯國家在贖罪日所發動的奇襲。許多人都和**雅各‧卡齊爾**少校這位後備軍人一樣無法擺脫這場夢魘。1973 年的陰影始終在他的腦海裡揮之不去。「每當我提起了戰爭,我便不禁汗濕自己的雙手。我彷彿還能聞得到士兵們被燒焦的身體。在夜裡,我的耳際總會迴盪著哀嚎或警報的聲響,這是歷經許多轟炸帶來的創傷。只有伴隨著廣播我才能入睡。每個星期至

少有兩、三次，我會在睡夢中聽見傷者的哀嚎聲，接著便在渾身是汗的狀態下驚醒。人就是人。雖然我曾在 1956、1967、1973 與 1982 參戰過，並且擔任長達四十多年的後備軍人，可是我卻始終只會夢見贖罪日戰爭。」

梅納赫姆・貝京主政下的以色列：從以色列殖民巴勒斯坦地區直到 1982 年的第一次黎巴嫩戰爭

以色列人殖民巴勒斯坦

在 1967 年的六日戰爭之後，以色列的部隊占領了巴勒斯坦地區。不久之後，以色列便開始了平民百姓對這些地區的殖民。猶太的殖民者扶老攜幼地前往約旦河西岸與加薩走廊等地。他們逐漸在當地建立起住宅區、工廠與商店。迄今他們仍穿梭在特意為殖民者開闢、繞行巴勒斯坦地區的道路上。自始至終，那些企圖在這片土地上建立一個屬於自己的國家的巴勒斯坦人，無不將以色列的這些行為視為挑釁。

居住在東耶路撒冷邊緣的巴勒斯坦人**阿美德・阿莫斯（Ahmed Amos）**，在回憶當時那些新鄰居時說道：「小時候我經常到附近的一座山上玩耍。那裡有一片非常漂亮的森林。我會去那裡尋找百里香，將它們帶回家製成香料。有一回，以色列的警察把我攔下，叫我不許再來採，說我這樣會破壞大自然。我實在不了解他們為何要這麼做，百里香明明就會再長出來。多年以後，我眼見推土機將那整片森林剷平。當時我真的不禁流下了眼淚。短短幾天之內，所有的樹木都被一掃而光。取而代之的，則是猶太人的殖民。」

以色列政府宣稱這些殖民是在屯兵。這些地方將充作

以色列部隊的軍事據點。當時代理以色列國防部長的伊加爾·阿隆（Yigal Allon）在六日戰爭後提出了一項殖民計畫。約旦河西岸人口稠密的部分應該交給約旦，其中包括了拉姆安拉、納布盧斯與傑寧等城市。至於約旦河谷、死海海濱與整個東耶路撒冷等地，則應該納入以色列的版圖裡，作為將來以色列殖民之用。

　　從 1974 年起，宗教因素比軍事局勢在角色上更為吃重。猶太的基本教義派人士建立了「忠信社」（Gush Emunim）。對於其成員而言，根本就沒有什麼巴勒斯坦地區，有的只是猶太人的大以色列。這些猶太殖民者援引猶太教經典《妥拉》裡的一些章句。這些章句曾提到某些現今位於加薩走廊與約旦河西岸的地名。忠信社的古老宗教成員便在以色列政府的協助下於這些地方屯墾。

　　在殖民方面，對於那些十分虔信的猶太人而言，宗教理由是一項相當充分的論據。然而，居住在當地信奉基督教或伊斯蘭教的巴勒斯坦人，過去和現在可都不這麼認為。不僅如此，以色列的殖民還限制了他們的行動自由。不過，以色列的這些殖民計畫倒是讓猶太人與巴勒斯坦人各有一項運動「受益」。一方面，以色列的政治右翼認為自己向沒有巴勒斯坦人的大以色列夢想邁進了一步；因此，他們大力支持殖民者。另一方面，巴勒斯坦的許多政治團體，例如法塔赫與解放巴勒斯坦人民陣線等，則因為向這

些以色列殖民者宣戰而鞏固了生力軍的來源。

殖民者**賈比‧羅森菲爾德（Gabby Rosenfeld）**在古什埃齊翁（Gush Etzion）這個定居點群組居住與工作，那裡靠近巴勒斯坦的伯利恆。在 1920 年代時，猶太人曾首次試圖在此定居，最後在巴勒斯坦人的抗議下以失敗做收。賈比‧羅森菲爾德的父母分別於 1933 年與 1939 年離開納粹德國前往後來的以色列。賈比於 1969 年移居至這個殖民區，過了三十多年後，已有大約兩萬多名以色列人居住在此。「當時我們只有百來人。古什埃齊翁是以色列歷史的一個象徵。長久以來，它一直是猶太民族的核心。大衛王便是在這裡建立起他的王國。」

在聯合國看來，以色列在巴勒斯坦地區的殖民「毫無（國際）法律效力」。根據 1979 年聯合國安理會第 446 號決議，這些殖民行為「嚴重阻礙了在中東地區營造普遍、公正且持久的和平」。此外，這項殖民政策同時也違反了《日內瓦第四公約》（*Fourth Geneva Convention*）。該公約規定了：「占領國不得將自己部分的國民流放或派遣至其所占領的區域。」

儘管如此，殖民者賈比‧羅森菲爾德卻認為自己是對的：「我始終夢想著，有朝一日我們能統治整個以色列。我並不是要我們將阿拉伯人趕走，我只是希望我們能控制整個區域。我想要和阿拉伯人和平共處。我也希望能夠平平

安安地前往圖爾卡蘭（Tulkarem）與納布盧斯等地。好的關係對我來說非常重要。我想在納布盧斯喝咖啡，在加薩吃皮塔餅配鷹嘴豆泥。我們在屯墾區的兩名員工是阿拉伯人。我們彼此的關係十分融洽。最近適逢贖罪日，他們正在幫忙打掃猶太教堂。」

從 1977 年起，這些殖民者獲得了自己的國家在政治上較多的支持。當時是以色列的政治人物梅納赫姆・貝京主政的時期。貝京對巴勒斯坦民族的態度並不友善。他是以色列自由黨（Herut）的創黨元老，這個黨派係以沒有巴勒斯坦地區的大以色列為願景。根據這樣的想法，約旦河西岸、加薩走廊與東耶路撒冷無不屬於以色列這個國家。

在 1973 年時，由貝京所領導的自由黨與另一個政黨合併為以色列聯合黨（Likud）。這是一個主張擴張以色列領土的黨派結合。隨著 1977 年以色列聯合黨的勝選，殖民運動也獲得了大舉擴張的有利條件。貝京開始大規模支持建設屯墾區。在國家的補貼下，以色列人有了遷居巴勒斯坦占領區的經濟誘因。在貝京上台後的十年裡，殖民者的數量從原本的五千人上升到了六萬五千人。

以色列占領巴勒斯坦數年之後，逐漸發展出某種經濟上的依存關係。由於以色列政府對外國進口的貨物課以高關稅，因此巴勒斯坦人只好回過頭來購買顯然較為低廉的以色列商品。反過來，以色列則成了巴勒斯坦貨物的最大

以巴的經濟依存

出口國。以色列的企業在巴勒斯坦占領區裡設廠製造的情況其實並不罕見，因為這裡的巴勒斯坦工人只需要遠低於以色列當地數倍的微薄工資。然而，還是有超過三分之一的巴勒斯坦受雇者在以色列工作；他們在特拉維夫或海法的收入遠高於在拉姆安拉或加薩。另一方面，以色列的殖民者與觀光客則湧入了巴勒斯坦的各個城市，因為在那裡他們可以以相對較低廉的價格購物和飲食。

巴勒斯坦人**賈克‧內諾（Jack Neno）**在回憶至 1987 年「第一次巴勒斯坦大起義」（First Palestinian Intifada）前的那段時光說道：「伯利恆是個開放的城市，任何人都能自由來去。以色列人，特別是宗教性沒那麼強的，喜歡到伯利恆逛市場。這當中有許多原因。有些曾經住在歐洲的人習慣吃豬肉。可是在以色列很難買到豬肉。不過在伯利恆卻有一些基督徒在養豬並且販賣豬肉。此外，在伯利恆市場上的貨物也總是比在耶路撒冷來得便宜。」

當時賈克‧內諾多了不少零用錢。他的叔叔也是倚賴以色列的觀光客維生。「當時伯利恆充滿了生機。我那時才十二歲，可是每天下課後都跑去工作。我在一家店裡打工。我們做的是歐洲的，特別是法國的烘焙食品。來餐廳用餐的觀光客絡繹不絕，其中當然也包括了以色列人。有些人是來喝點東西，有些人則是來吃晚餐。唯一讓當時身為小孩的我感到驚訝的事情是：我見到了一大堆武器。有

些以色列人會配戴手槍，有的甚至還帶了步槍。他們都是穿著便服。我不禁自問：他們幹嘛帶槍呢？對我而言這並不尋常。許多巴勒斯坦人都在以色列的工廠上班。我叔叔開了間修車廠。他的許多客人都是以色列人。」

在以色列的工地裡也有不少巴勒斯坦的受雇者。這些工地泰半是在以色列境內，不過有些則是位於約旦河西岸與加薩走廊。因此，部分巴勒斯坦人其實也參與了大規模且低成本的以色列屯墾區的興建。有些住宅區連同基礎設施就座落在巴勒斯坦人被沒收的土地。在 1980 年代裡，某些屯墾區已達到了城市的規模。

居住在這些地區的人只有極少數是純粹出於宗教理由。大多數的人其實是被便宜的租金以及與諸如耶路撒冷或特拉維夫等大都會之間的方便交通網絡所吸引。對於一個中等收入的人而言，要在以色列的大城市裡興建一棟單戶住宅，著實是不小的負擔。不動產的價格迫使許多人丁興旺的家庭不得不承租小房子。這種情況使得市區高樓大廈林立的景象不只出現在海法與特拉維夫這些以色列的大城裡。

這項在國際間引發爭議的殖民政策，貝京在以色列國內倒是沒有遇到什麼問題。然而，即將由此引爆的一場戰爭在不久之後便會終結他的任期。來自黎巴嫩（以色列北邊的鄰邦）的攻擊者挑釁這個猶太人的國家。這些黎

巴嫩人與當地的巴勒斯坦人（泰半為難民）連成一氣。在1948/49一年的第一次中東戰爭期間，大約有十萬多名巴勒斯坦人從阿克里（Acre）、海法與拿撒勒等城市逃往黎巴嫩。

在黎巴嫩的巴勒斯坦難民營裡，同樣聚集了許多巴勒斯坦解放組織的活躍分子。自從1970年約旦國王將巴勒斯坦解放組織從該國驅逐後，其所屬成員便改在黎巴嫩組織自己的攻擊行動。巴勒斯坦解放組織經由黎巴嫩邊境將巴勒斯坦的戰士帶進以色列。在1970年代末期，他們曾在以色列到處發動恐怖攻擊。在阿拉伯諸國的協助下，巴勒斯坦解放組織的活躍分子甚至取得了喀秋莎多管火箭砲（Katyusha multiple rocket launchers）。有了這項蘇聯製的火箭發射裝置，以色列北部的一些目標便進入了他們可以攻擊的範圍。

加利利和平行動　　1982年6月6日，以色列軍隊展開了「加利利和平行動」（Operation Peace for Galilee；加利利是以色列北部的一個地區）。當時以色列人**德洛爾‧夏查爾（Dror Schachar）**接到了軍隊的通知。「那時我二十二歲，幾乎未曾離開軍隊，因為三個月之後我又被召回部隊。」以色列的戰機不僅轟炸了巴勒斯坦解放組織的辦公室所在地貝魯特，還攻擊了位於黎巴嫩南部的一些目標。砲火伴隨著以色列部隊的進兵持續了數周。除了對付巴勒斯坦解放組織的活躍分

子以外，以色列的軍隊還得和站在巴勒斯坦解放組織這邊的敘利亞部隊交戰。在以色列軍隊步步進逼下，巴勒斯坦解放組織被迫逃往突尼西亞的首都突尼斯。那裡是阿拉伯國家聯盟的總部。

　　趁著以色列陳兵黎巴嫩，當地的基督教民兵藉機徹底宣洩自己對巴勒斯坦人的憤怒。在 1982 年 9 月 16 至 18 日期間，他們在薩布拉（Sabra）與夏蒂拉（Shatila）地區的難民營展開大屠殺。以色列軍人德洛爾・夏查爾當時曾親眼見到這些基督教士兵的殘忍暴行：「他們是用刀而非用槍

薩布拉與夏蒂拉大屠殺／貝魯特難民營大屠殺

在聯合國看來，諸如位於約旦河西岸的阿里埃勒（Ariel）這類以色列屯墾區根本是不合法的。這些屯墾區都座落於巴勒斯坦地區。

殺人。我曾在從貝魯特往大馬士革的路上見到，他們將一個頗有聲望的德魯茲派（Druze）領袖吊在電線桿上，他們不僅割下他的生殖器，還把它塞進他的嘴裡。」

在黎巴嫩發生的狀況顯然已超出以色列軍隊能力所及，於是以色列的士兵便在這場由不同的政治與宗教團體所構成的混戰裡隔岸觀火。當時的以色列總理梅納赫姆·貝京與其國防部長艾里爾·夏隆遭到了猛烈的抨擊。有爭議的是，在薩布拉與夏蒂拉的大屠殺中，以色列軍隊究竟是不想、不能、還是不許干預？

曾經參與此役的士兵德洛爾·夏查爾回憶道：「當時我眼見基督教民兵開著車子從我們身旁駛過。其中有些人還拿出刀子做狀劃自己的咽喉。他們顯然想藉此告訴我們，當他們抵達薩布拉與夏蒂拉時，他們將做些什麼。我們大家都心裡有數，接下來可能會發生什麼事。可是上頭命令大家『不要淌這趟渾水』。如果我們干涉了，就會捲入其中。」

卡韓調查委員會　　在 1982 年的 9 月底，以色列政府成立了調查大屠殺的卡韓調查委員會（Kahan Commission），藉以調查以色列士兵在這場大屠殺裡的行為。這個委員會是由當時以色列最高法院院長伊札克·卡韓（Yitzhak Kahan）擔任主席，他們的調查結果對艾里爾·夏隆相當不利。在調查委員會看來，這位前國防部長顯然是怠忽職守。艾里爾·夏隆也因

此被迫下台。

　　當時有群士兵拒絕在黎巴嫩作戰。這群以色列人創立了一個名為「凡事有個限度」（Yesh Gvul）的和平團體，他們後來也拒絕占領巴勒斯坦地區。駐紮在黎巴嫩的士兵多半在 1985 年離開這個國家。一直到 2000 年 5 月，尚有以色列的部隊在黎巴嫩南部的一個所謂的安全區逗留。

　　以色列人**卡拉‧海杜（Karla Hajdu）**當時在謝莫納城（Kiryat Shmona）經受了從黎巴嫩發動的火箭攻擊。該城距黎巴嫩邊境僅數公里之遙。根據她的說法，以色列於 1982 年的出兵暫時讓她比較有安全感。「我們可以正常地工作與生活，之前根本不可能。我不曉得，五分鐘之後是否又會有火箭炸過來。有一回，我帶某位友人的小孩去看電影。送他們進戲院後我就回家了。緊接著，轟炸開始了，於是我只好坐在家裡等待攻擊結束。可是那些小朋友並不是謝莫納城的人，他們完全不曉得該如何是好。於是他們便從戲院跑回我家。在黎巴嫩戰爭過後，曾經維持了兩、三年的和平。」

　　在這段期間裡，伊朗在黎巴嫩扶植了一個新的反以色列組織，這個組織名為「真主黨」（Hizballah）。除了旨在從以色列部隊手中解放黎巴嫩，真主黨還要摧毀以色列這個國家。由於真主黨擁有自己的學校與醫院，因此他們在這個國家裡特別受弱勢族群喜愛。這使得黎巴嫩難民營裡

黎巴嫩真主黨

的許多巴勒斯坦人紛紛投效這個激進組織所屬的部隊。

這種情況其實並不尋常，因為巴勒斯坦的穆斯林多半是屬於「遜尼派」，相反地，真主黨則是一個「什葉派」的組織。遜尼派與什葉派究竟有何不同呢？這個問題的答案必須回溯到伊斯蘭教很久以前的歷史：在先知穆罕默德逝世不久後，如何尋求他的真正後繼者，這個問題引發了意見分歧。伊斯蘭教徒裡的大多數，亦即遜尼派，認為先知的最初四位繼任者都是合法的。相反的，什葉派則否認其中三位的合法性，只承認阿里・本・阿比・塔利卜（Ali ibn Abi Talib）為唯一合法的繼承者。阿里・本・阿比・塔利卜同時是穆罕默德的堂弟和女婿。

遜尼派與什葉派

在全球的穆斯林當中，十個有九個是遜尼派，什葉派只在諸如伊朗與伊拉克等國為多數。黎巴嫩的人口有大約三分之二是穆斯林、三分之一是基督教徒。當地有超過一半以上的穆斯林屬於什葉派。對於真主黨的目標而言，宗教上的差異根本無足輕重。他們在難民營裡廣招年輕的巴勒斯坦人，要為與以色列的下一場戰爭做準備。

第一次巴勒斯坦大起義與奧斯陸和平協議

1987 年 12 月 8 日，一輛以色列的貨車在加薩走廊與兩輛巴勒斯坦的車輛相撞，四名巴勒斯坦人當場死亡。在那個時刻，巴勒斯坦地區的局勢已是相當緊張。早在幾天前與幾周前，加薩走廊地區便曾發生過幾波衝突，多名巴勒斯坦人與一名以色列人在這些衝突中喪生。

這場發生在 12 月的事件引爆了第一次巴勒斯坦大起義。然而，巴勒斯坦人起義的原因其實並沒有那麼表面。在 1967 年的六日戰爭之後，巴勒斯坦人便被迫生活在以色列的占領下。某些政治團體遭到以色列的封殺，無論它們是激進的，抑或是溫和的。在這樣的情況下，一個屬於巴勒斯坦人自己的國家似乎越來越成為一種遙不可及的夢想。這激起了巴勒斯坦人的絕望與憤怒。

這場起義的爆發讓許多以色列人感到驚訝，相反的，巴勒斯坦人倒並不感到那麼意外。來自耶路撒冷的巴勒斯坦人**泰莉・布拉塔（Terry Boullata）**曾經在這場起義的準備上出過力。「當時我在巴勒斯坦的比爾澤特大學攻讀社會學。我們在大學裡為起義做準備，我們一方面動員群眾，一方面組織各種活動。我是某個反抗運動的成員。在以色列人眼裡，我們是非法的組織。」

起義如野火燎原。抗議以色列占領最有效的手段之一便是經濟上的杯葛。巴勒斯坦人不僅發起拒買以色列商品的運動，他們的商家也拒絕向以色列政府納稅。當時有個名為「民族統一領導」（Unified National Leadership）的團體組織了這些行動。

　　巴勒斯坦人泰莉・布拉塔說明了當時的行動原則：「我們有一個核心的領導集團，由它統籌劃分我們的責任區，我們則在各自的責任區裡發送傳單。這裡是由解放巴勒斯坦人民陣線的成員負責，那裡則是由解放巴勒斯坦民主陣線或法塔赫的成員負責。我們會在夜裡散發紙條，藉此通知民眾們，在哪些天要罷工，在哪些天要示威遊行。每個人都會從核心領導集團那裡獲得同樣的命令。每天都有不同的活動。我們會告訴民眾，他們要如何加入反抗活動，要在何時放下手邊的工作或參與示威。」

　　凡此種種以色列軍方並未坐視不理，他們試圖解散各種集會並阻止各種示威。許多年輕的巴勒斯坦人，其中有部分甚至還只是兒童，向以色列士兵丟擲石頭與汽油彈。巴勒斯坦人**阿伊曼・阿法納**曾經在加薩的街頭參與過這類戰鬥。「我們根本沒什麼武器，我的武器就只是彈弓而已，儘管如此，我們還是可以擊中以色列的士兵。有一回，我在一場示威活動中跟著大家跑到學校裡。以色列的軍隊築起了障礙物，他們躲在後面向我們發動攻擊。有個士兵用

石頭之戰——巴勒斯坦這邊主要是年輕人上街頭與以色列軍隊戰鬥。在第一次巴勒斯坦大起義期間，巴勒斯坦人大規模地反抗以色列的占領。

他的 M16 步槍擊中了我的膝蓋。直到今日我都還能感受到當時的創傷。」

以色列軍方不僅動用了棍棒、催淚瓦斯，而且還動用了彈藥。巴勒斯坦人同樣也動用了武器，這使得衝突的暴力性不斷升高。商家**安瓦．阿拉法特**曾多次見到在自己店鋪的櫥窗前上演的戰鬥場面。「有時當以色列的軍用吉普車駛過，後頭便會有汽油彈或手榴彈投向它。曾有一輛吉普車就在我店門口的路上爆炸。第二天以色列的軍隊不僅封了整條街，還勒令商家停業。後來他們還要我們這些商家出來排排站。有些與以色列軍隊合作的巴勒斯坦人便指給那些士兵看，我們當中哪些人是支持反抗以色列運動的。」

很快地，以色列的監獄裡便擠滿了大起義的活躍分子、策劃者與支持者。**阿布杜─卡里姆．拉菲**在獄中經歷了這場起義。「我在晚上九點左右離開清真寺，那時正值當天的第五次，也就是最後一次祈禱。有三名蒙面人在外頭的昏暗中等待，他們曉得我有一輛汽車。我得載他們去一家店，據說那家店的店主與猶太人勾結。然而，是否真是如此，其實是有很大的問號。無論如何，他們投擲了一枚汽油彈，燒了那家店。過了一段時間，以色列士兵逮捕了那同一群人。在審訊時他們把我供了出來，於是我便免不了要蒙受牢獄之災。」

早在大起義爆發前，巴勒斯坦人**泰莉．布拉塔**便已遭

到以色列政府的逮捕。「有人向以色列政府舉報了我是反抗團體成員的事。不久之後，士兵將我們家團團圍住——當時我與父母住在一起——他們翻箱倒櫃，把我的眼睛蒙上，接著便把我綁走。我被迫入獄。他們在俄羅斯大院（Russian Compound；位於耶路撒冷俄國區的監獄）審問了我數周。我被關在一間地牢。在審問時，他們會在我的頭上套個小袋子，並且將我的雙手反綁在背後。我總是守口如瓶。」

巴勒斯坦大起義在 1988 年有了初步的政治成效。約旦國王胡笙將約旦河西岸移交給巴勒斯坦人。從這時起，這個由以色列所占領的地區「理論上」落入了巴勒斯坦解放組織的手裡。這是一個充滿了象徵性的行為，因為以色列在這時候尚未準備好接受這樣的事情。相反的，胡笙國王十分擔心大起義會波及他的王國，於是他乾脆將這塊約旦西部的地區讓與巴勒斯坦人。

約旦河西岸讓與巴勒斯坦

泰莉·布拉塔在獄中持續關心著大起義的發展。已身陷囹圄的人可以從剛入獄的大起義活躍分子口中得知外頭的最新狀況。「軍車將大批的小孩與年輕人送進監獄，女囚會被帶到我們這邊來。有個被關進來的女孩為我講述了在各地發動的示威，她還跟我說她自己是怎麼丟石頭。在巴勒斯坦人當中，幾乎沒有哪一家沒有家人入獄。」

當時全球的媒體都報導了這場規模越來越大的大起

義，阿拉法特打算利用國際間對於中東衝突的關注。巴勒斯坦解放組織的議會，亦即巴勒斯坦民族議會（Palestinian National Council），在阿爾及利亞召開了一次會議。1988 年 11 月 15 日，議會成員在當地宣布建立巴勒斯坦國（State of Palestine）。「巴勒斯坦國在此宣布，願意遵照聯合國憲章與聯合國決議透過和平的手段處理國際與區域的紛爭。」許多人認為，從巴勒斯坦人的獨立宣言看來，巴勒斯坦解放組織顯然有意承認以色列這個國家。

巴勒斯坦獨立宣言

相反的，國家間承認這個肇建的巴勒斯坦國的聲浪倒沒有那麼踴躍。當時只有四十個國家，主要是信奉伊斯蘭教的國家與阿拉伯國家，承認這個新的國家。包括美國與德國在內的大多數國家都認為，巴勒斯坦的建國言之過早。對於許多西方的政府而言，激進的巴勒斯坦組織在世界各地發動恐怖攻擊有關的報紙標題記憶猶新。當時的以色列總理伊札克・夏米爾（Yitzhak Shamir）嚴詞拒絕與巴勒斯坦解放組織對話。這位右派政黨聯合黨所屬的政治人物遠遠不想承認，巴勒斯坦人有個屬於自己的國家。

大起義越演越烈，許多巴勒斯坦人在升高暴力情勢的同時也摧毀了經濟。以色列人不僅不願再光顧巴勒斯坦人的店鋪，也不願再僱用他們。原有的觀光收入頓時陷於一片空白。對於外國人而言，巴勒斯坦地區不再安全。這並不只是因為巴勒斯坦人的抗議活動，以色列軍隊的行動同

樣讓觀光客感到膽顫心驚。

在伯利恆開設紀念品店的巴勒斯坦商人**阿富蘭·夏辛**（**Afram Schahin**），同樣遭受了這波經濟危機的衝擊。「我的店鋪是在 80 年代初開張。在大起義之前，有許多外國旅客會來觀光。大家似乎並沒有那麼怕恐怖分子，我會和客人在店裡喝喝咖啡。店裡的客人通常都不少，偶爾客人會多到我甚至沒時間和他們閒聊。那時很瘋狂，到處都是觀光客。他們會在聖誕教堂（Church of the Nativity）前的廣場等待，因為教堂裡滿滿都是人。有時我的店甚至會開到三更半夜。」

在第一次巴勒斯坦大起義期間，另一項衝突讓以色列再度陷入警戒狀態。1990 年 8 月，伊拉克入侵科威特。聯合國試圖勸說伊拉克獨裁者薩達姆·海珊（Saddam Hussein）撤軍未果。因此，在美國的主導下，國際聯軍出手干預並且展開對伊拉克的軍事行動。伊拉克軍隊不甘示弱地向以色列發射了飛毛腿飛彈（Scud）回應。伊拉克攻擊以色列的舉動，不僅傷害了居住在當地的猶太人，就連穆斯林與基督教徒也同受波及。住在拿撒勒的**穆雅莎·薩拉瑪**當時曾聽到飛彈警報。

波斯灣戰爭

「我將窗戶緊閉。當時有許多我們必須遵守的指示。其中一項就是，我們必須關上窗戶並且封緊門縫，接著還得戴上防護面具。就在我才剛戴好防護面具之際，解除警報

的警報聲便響起了。」

巴勒斯坦人的領袖阿拉法特選擇站在薩達姆・海珊這邊。這位伊拉克的獨裁者先前曾表示，唯有在以色列撤出巴勒斯坦地區的前提下，伊拉克才有可能從科威特撤軍。阿拉法特與海珊同聲一氣，給正在科威特的巴勒斯坦外籍勞工帶來了災難性的後果。三十多萬名巴勒斯坦人被迫離開這個國家。然而，對於巴勒斯坦解放組織來說更為嚴重的是，波斯灣國家為了抗議支持伊拉克的巴勒斯坦解放組織，停止了對於這個組織的資助。

到了 1991 年 10 月，另一個事件占據了報紙的頭條：在大起義經過了四年以後，終於在馬德里展開了和平會談。當時的美國總統老布希（George Bush）促使以色列、巴勒斯坦與約旦三方坐上談判桌。次年以色列人選擇了伊札克・拉賓（Yitzhak Rabin）擔任他們的新總理。這位經驗豐富的政治人物早在 70 年代便已擔任過以色列總理一職。這次上台後，他便任命西蒙・裴瑞斯（Shimon Peres）為外交部長。

這個新政府不僅下令禁止在巴勒斯坦地區繼續建立猶太屯墾區，更祕密派遣政府官員前往奧斯陸與巴勒斯坦解放組織的高層代表會商。在歷經多次艱困的談判後，雙方總算達成妥協。以色列願意分階段從巴勒斯坦占領區撤離。相對的，一個巴勒斯坦自治政府則會接管這些地區。

1993 年 9 月，伊札克・拉賓與亞西爾・阿拉法特於華
府簽署了一項原則宣言，一般稱之為《奧斯陸協議》（*Oslo
Accords*）。這份協議的格言就是「以土地換和平」，藉此來
表達雙方願意讓步的意願。以色列總理拉賓與巴勒斯坦解
放組織主席阿拉法特握手的畫面傳遍了全世界。站在他們
兩人中間的，則是當時新上任的美國總統比爾・柯林頓，
他張開雙臂環抱這兩位政治人物。阿拉法特與拉賓後來連
同西蒙・裴瑞斯一起獲頒諾貝爾和平獎。

為 1993 年帶來希望的一個畫面：由左至右分別為以色列總理伊札克・拉賓、美國總統比爾・柯林頓、巴勒斯坦領袖亞西爾・阿拉法特。

曾是大起義活躍分子的**泰莉‧布拉塔**透過媒體得知了這個事件。「我在電視裡看了奧斯陸協議的轉播不禁潸然淚下。對我來說這是個勝利。第一次的巴勒斯坦大起義讓以色列見到了，他們並非進入了一個無人之境，這裡其實住著一些有權住在這裡的人。他們在奧斯陸接受了這一點。」

　　巴勒斯坦人**阿布杜—卡里姆‧拉菲**在出獄後打算有個新的開始。「我曾在約旦，在安曼，讀過大學，我是一個建築師。在監獄裡，我為一棟大房子畫了不少設計圖。我甚至還在那裡用紙板為這個建築物做了一個模型。在獲釋後，我便與我的幾個兄弟合力將這棟房子蓋起來。在我入獄的這段期間，他們幫我照顧了我的太太和小孩。那個模型如今就擺在客廳裡。」

　　然而，奧斯陸協議仍有不足之處，許多問題其實都被談判雙方暫時擱置。在這樣的情況下，多年之後才會進行到所謂的最終狀態對話已是可以預見。屆時對話勢必要以那些最具爭議同時也是最重要的問題為目標。它們涉及到了以色列屯墾區的未來、巴勒斯坦的難民、兩國的邊境以及耶路撒冷的狀態。

　　無論是在以色列這邊，或是在巴勒斯坦這邊都存在著和談的反對者。在以色列這邊，殖民者與右派政治人物大表不滿。他們無法想像許給巴勒斯坦人一個屬於他們自己的國家。至於巴勒斯坦這邊，掣肘的往往是一些不願承認

以色列這個國家的宗教運動。

易卜拉辛大慘案

　　雙方的激進團體一再以流血攻擊來表達自己的不滿。1994 年 2 月，以色列人巴魯克‧戈登斯坦（Baruch Goldstein）讓雙方的和談蒙上了一層陰影。這位猶太殖民者闖入了位於希伯崙的易卜拉欣清真寺（Cave of the Patriarchs）。戈登斯坦居住在那附近的一個屯墾區。案發當天他帶著自動步槍朝正在祈禱的群眾掃射。共有二十九個人在這場慘劇中喪生，超過上百名巴勒斯坦人受到輕、重傷。

以色列自殺炸彈客事件

　　在以色列這邊，由激進的巴勒斯坦人所發動的許多攻擊同樣造成了數十人的死亡。1994 年 4 月，在阿富拉（Afula）有一輛汽車炸彈引爆，在哈代拉（Hadera）則有一名自殺炸彈客將一輛公車炸毀。同年 10 月在特拉維夫也發生了同樣的事。1995 年 8 月，又有一名自殺炸彈客在耶路撒冷的一部公車上引爆一顆炸彈，造成四人死亡，一〇三人受傷。**瑞秋‧薩柏斯坦（Rachel Saperstein）**的女兒是當時的生還者之一。

　　「當時那輛公車是駛往希伯來大學的二十六號公車。我知道我女兒就坐在那輛公車上，因為我知道她什麼時候要搭車去大學。我一直在等待有人能夠告訴我，我女兒究竟發生了什麼事。她到底是生，是死？沒有任何父母該經受如此可怕的事。我左等右等，後來總算接到哈德薩醫院的

通知。他們告訴我，我女兒還活著，我們可以去接她。於是我們全都趕到醫院去。她的臉被彈片劃過，聽覺也因為爆炸的緣故部分受損。不過，至少她還活著。我們當天就將她接回家裡。除了聽覺受損以外，她當時受到的心理創傷迄今仍難以平復。」

以色列軍方宣布在巴勒斯坦地區實施戒嚴，部分城市的巴勒斯坦人只能在特定時間裡外出。與此同時，軍隊也將街道封閉，並且設置許多檢查哨，藉此盤查過往的駕駛人與行人並搜查武器。因此，早在 1993 年，以色列政府便開始封鎖巴勒斯坦地區。

儘管發生了一連串的攻擊事件，隸屬於工黨的以色列總理伊札克・拉賓仍然努力安撫群眾。他在政壇上那些意欲主政的競爭對手，所做所為正好與他相反，其中最具代表性的莫過於聯合黨的班傑明・納坦雅胡（Benjamin Netanyahu）。納坦雅胡藉由帶頭抗議拉賓的政策激起了反對其政敵的浪潮。在某些示威抗議中，人們甚至高舉著利用合成技術將拉賓描繪成被吊死或穿著納粹制服的海報。

拉賓遇刺　拉賓一貫以自己的方式回應這類批評。1995 年 11 月 4 日，他參加了一場由他自己所發起於特拉維夫舉行的和平集會。大約有二十多萬名群眾響應他的號召，並且在以色列列王廣場（Kings of Israel Square）上聆聽他的演說。拉賓表示：「我曾身為軍隊的一員長達二十七年之久；只

要不存在和平的契機，我便挺身戰鬥。如今我相信，確實存在著和平的契機，一個很大的契機。我們必須把握這個契機，造福每位站在這裡的人以及所有未能站在這裡的人——他們為數眾多。」

　　拉賓大約在晚間九點四十五分離開演講台。隨後有位名為伊卡爾・阿米爾（Yigal Amir）的極右派以色列人朝他開了三槍。將近一個小時之後，拉賓因傷重不治逝世於醫院中。在接下來的幾天裡，超過百萬的民眾對他表達了哀悼之意。為了紀念他，原先他最後一次發表演說的以色列王廣場，如今已更名為拉賓廣場。

　　到了 1996 年 5 月底，亦即拉賓遇刺將近五個多月之後，右派聯合黨所屬的一位政治人物贏得了大選。在以色列慘遭一連串巴勒斯坦人的自殺式攻擊後，他的口號「安全的和平」獲得了大多數民眾的喜愛。這位新任總理轉為反對巴勒斯坦人擁有屬於自己的國家。他不是別人，正是一再抨擊拉賓政策的班傑明・納坦雅胡。

納坦雅胡「安全的和平」

　　在巴勒斯坦地區建立猶太屯墾區的計畫這時可以正式地繼續。先前的建設工作總是在未經過許可，卻獲得容忍的情況下進行。自 1993 年簽訂奧斯陸協議經過七年之後，以色列殖民者的數量已從十萬人增加到二十萬人。艾里爾・夏隆曾因 1982 年黎巴嫩戰爭期間於巴勒斯坦難民營所發生的屠殺事件而辭去國防部長一職。在納坦雅胡主政

下，夏隆於 1996 年起接掌國家基礎設施部。屯墾區的建設正是他新的職務範圍。

以色列人**瑞秋‧薩柏斯坦**在 1997 政府更迭那年移居至位於加薩走廊的古什卡蒂夫（Gush Katif；希伯來語意即「收穫區」）這個屯墾區。距離她的女兒在耶路撒冷遭到自殺式攻擊已經過了兩年。「我沒花多久的時間便下定決心離開耶路撒冷並且搬到某個屯墾區去住。這是種政治聲明。這裡是猶太人的土地，從歷史的角度來看這裡全是猶太人的。這裡的每個地方都曾在《妥拉》裡被提到。這裡並非阿拉伯人的土地。」

巴勒斯坦自治政府首次大選

然而，巴勒斯坦人可不這麼認為。他們的政治代表成功地爭取到了國際間對於巴勒斯坦地區的承認。1996 年 1 月，巴勒斯坦自治政府首次舉行大選。超過百分之八十五的選民選擇了亞西爾‧阿拉法特擔任自治政府的主席。他所屬的政黨，法塔赫，也在立法委員會（Palestinian Legislative Council）囊括最多席次。

無論是以色列的新政府，或者是巴勒斯坦的第一個政府，都不認為自己有能力阻止暴力。以色列總理班傑明‧納坦雅胡的口號「安全的和平」顯然是一句空話。巴勒斯坦自治政府主席亞西爾‧阿拉法特答應要約束激進巴勒斯坦團體的承諾同樣也是。**里歐‧菲勒（Lior Feller）**在 1997 年 9 月 4 日親身體會到了這一點——此時與以色列和

巴勒斯坦的大選已相隔一年，與在華府簽訂奧斯陸和平協議已相隔四年：

「在耶路撒冷市中心發生了三起不同的恐怖攻擊。當時我在位於那裡的一家咖啡廳參加生日派對。在幾陣爆炸後，我試圖打電話給我的朋友，他那時正在附近的路上。由於電話線路超載，我無法聯絡上他。許多士兵趕來現場，街道上擠滿了人，救護車根本過不去。我搭了計程車回家。接著我便打電話給我那位朋友的父母，可是他們也不曉得他在哪。後來他從醫院裡打了電話給我。他自己平安無事，只不過，為了幫助一位傷患，他陪人家進了醫院。」

巴勒斯坦人的自殺式攻擊無休無止。自 2000 年 9 月起，伴隨著第二次巴勒斯坦大起義的爆發，攻擊的數量達到了一個新的高峰。

第二次巴勒斯坦大起義與藩籬的設置

數百隻和平鴿將翱翔在伯利恆的天空上，這場西元
2000千禧年的大型慶祝活動已籌備良久。然而，在這些和
平鴿都還來不及高飛之際，主辦單位卻已點燃了所費不貲
的煙火。人們很快便發現到，煙火真的放得太早了。幾秒
鐘後，許多死掉的和平鴿便落在聖誕教堂的廣場。所有在
場參與慶典的人都見到這幅可怕的景象——對於那些迷信
的人而言，這顯然不是個好預兆。

夏隆參訪聖殿山　　　九個月之後，艾里爾·夏隆登上了位於耶路撒冷的聖
殿山，或巴勒斯坦人口中的「尊貴的聖地」。每天都有成千
上萬的穆斯林前來這裡的阿克薩清真寺參拜，旁邊的圓頂
清真寺同樣吸引了許多遊客前來參觀。這座帶有金色圓頂
的建築物不僅是最古老的伊斯蘭教建築之一，同時也是耶
路撒冷的地標之一。猶太人的哭牆也在離這裡不遠處，步
行幾分鐘即可抵達。由於此處對於猶太人與穆斯林而言都
是聖地，因此他們雙方在此都擁有自己的祈禱處所。

艾里爾·夏隆於2000年9月28日參訪了這個穆斯
林的祈禱處所。這位以色列的政治人物當時已是右派聯合
黨的主席，他大陣仗的保護措施使他的參訪更顯爭議。超
過一千多名軍警必須保護夏隆免受憤怒的抗議者侵害。然

而，真正的大起義卻要等到數日之後才爆發。

　　在傳統的周五祈禱過後，成千上萬的巴勒斯坦人走上了街頭。當時曾親眼見到這些抗議人群的巴勒斯坦人**賈克‧內諾**回憶道：「夏隆參訪的隔天我就見到了一些抗議活動，不少小孩都在丟石頭。我和以色列的軍隊相隔大約有幾百公尺之遠。我希望衝突不要持續太久。然而，當時的情勢相當惡劣。以色列人與巴勒斯坦人之間根本無話可

在軍警層層保護下，艾里爾‧夏隆於 2000 年 9 月登上了聖殿山。這位當時以色列國會裡的反對黨領袖所觸怒的不僅是許多的巴勒斯坦人。

談。每個人都在想，接下來說不定會發生些什麼事。雖然夏隆曾經預告了他的參訪行程，可是誰也沒料到那裡會發生一場災難。」

夏隆的參訪引發了第二次巴勒斯坦大起義。第一次的大起義於七年前以簽訂奧斯陸協議畫下句點。如同上一回，這時也只需要一個足以引發眾怒的挑釁行為。因為就像 1987 年那樣，在 2000 年時同樣累積了許多爭端。雙方的政府官員都只落實了少許奧斯陸協議的內容，雙方的偏激分子也都極力反對這項協議。巴勒斯坦人的恐怖攻擊無休無止，猶太殖民者則依然故我地在巴勒斯坦地區建設他們的屯墾區。

巴勒斯坦人的憤怒之所以如此高漲，經濟因素是重要的緣由之一。在巴勒斯坦地區，幾乎每兩個巴勒斯坦人就有一個找不到工作，每三個就有一個每天所能花用的錢不到三歐元。在歷經多次恐怖攻擊後，以色列軍隊將巴勒斯坦地區越鎖越緊。農民必須在許多嚴苛的條件下才能販售自己的農產品。工人則因為重重阻隔而無法在以色列這邊取得工作機會。

經濟上的慘況有部分其實是該歸咎於巴勒斯坦人自己。事實上，巴勒斯坦自治政府的預算幾乎全是由國際社會所負擔。諸如歐盟等捐助組織負責了這個自治政府的大部分支出，巴勒斯坦地區裡的許多公共建築都掛有美國贊

助機構的標誌或歐盟的藍黃星標。

　　然而，並非所有善心的捐款與慷慨的贊助都能加惠到真正有需要的人。以亞西爾‧阿拉法特為首的法塔赫政府被認為是格外地腐敗。他們不僅在糟糕的巴勒斯坦街道上開著最新的賓士車款，更在離破落的難民營不遠處修建如別墅般的豪華建築。為了自身的利益，法塔赫政府將以色列政府打成了經濟慘況的頭號罪人。這個黨派就以這樣的方式來移轉內部的種種問題。

　　在第二次巴勒斯坦大起義中，激進的巴勒斯坦團體起初獲得了廣大民眾的支持。然而，相較於第一次的大起義，這次起義的方式已有了明顯的改變。取代在巴勒斯坦地區進行大規模示威抗議、經濟杯葛與街頭戰鬥，這些激進團體乾脆直接進入以色列內部發動恐怖攻擊。隨著第二次大起義的爆發，自殺式攻擊的數量也急遽上升。

　　紹爾一家在發生於海法的一場炸彈攻擊中幸運地逃過一劫。**英蓓兒‧紹爾（Inbar Schaul）**當時還是個學生，攻擊事件當天，她與她的家人去一家餐廳慶祝逾越節。猶太人會在這個節日紀念自己的民族脫離埃及的奴役。「當時我聽到了一聲爆炸，然後我就什麼也聽不見了。一時間我失去了聽覺。接著我看到了我的父親，他的身上和臉上滿是別人的鮮血。許多人完全手足無措，只是呆呆地坐在地上。」

她的弟弟**伊丹・紹爾**（Idan Schaul）則是馬上有所反應。「我就坐在我姊姊對面。當時我的眼裡只見到一片火海，我不曉得到底發生了什麼事。我的 T 恤上沾滿了別人的血肉。我在想，這該不會是我的吧？由於門被桌椅和牆壁碎塊擋住，我只好爬出餐廳。到處都是屍塊。其中有一片圓圈，裡頭很乾淨，可是它的四周卻布滿了屍塊。」

他們的母親**芭特・薛華・紹爾**（Bat Scheva Schaul）則是逃往另一個方向。「我爬出了窗戶，接著看到一個正在尋找自己家人的婦女，她失去了自己的丈夫和一對子女。過了大概五分鐘以後，有救護車來了。當天上午我才剛從廣播裡得知，特拉維夫發生了一樁恐怖攻擊事件。所有坐在靠近入口處的人全部喪生，其他的人則幸運生還。當我們去到餐廳時，我對廣播裡所報導的新聞還記憶猶新。於是我便要求大家去坐最裡面的位子。當時我並沒有對他們說實話，只是以窗戶做藉口。我想，是我救了我們全家。」

哈瑪斯／伊斯蘭抵抗運動

這起攻擊事件造成了十多人死亡、四十多人輕重傷。巴勒斯坦的激進伊斯蘭教團體哈瑪斯（Hamas）稍後便承認，該起事件係出於他們之手。一位年齡二十二歲名為夏迪・圖巴西（Shadi Tubasi）的巴勒斯坦人，在餐廳入口處引爆了自己身上的炸藥。這位自殺炸彈客的家人住在位於傑寧的難民營裡，那裡是約旦河西岸地區最北的一個城市。

安姆賈德・圖巴西（Amdschad Tubasi）是那位自殺炸

彈客的弟弟，他同樣也住在位於傑寧的難民營。他是在難民營裡得知這起攻擊事件。「我是透過清真寺的廣播才知道這件事。哈瑪斯提到了我哥哥的名字。他死於一場在以色列進行的軍事行動中，是一位殉教者。我聽到這個消息當然是大吃一驚。他過著正常的生活，平時在以色列工作，周末則會回到難民營和我們一起過夜。我對於他的計畫完全不知情。一開始我還不相信這是真的。沒有人會想要失去自己的兄弟。我的家人頓時陷入愁雲慘霧，哈瑪斯卻在那裡大肆慶祝。」

對於哈瑪斯而言，安姆賈德‧圖巴西的哥哥是位烈士（Shahid），是位殉教者。在基督教裡，人們稱那些為自己的信仰而犧牲的人為殉教者。哈瑪斯在阿拉伯文裡有「熱情」或「熱忱」之意。哈瑪斯這個名字是由 Harakat al-Muqawamah al-Islamiyyah 一詞所組成，其意為「伊斯蘭抵抗運動」。這個激進的團體是由教師暨傳教士謝赫‧艾哈邁德‧亞辛（Sheikh Ahmed Yassin）於 1987 年底創立。

哈瑪斯將自己定位成一種「伊斯蘭抵抗運動」。在其 1988 年的創立章程裡便寫道：「神是它（指這項運動）的宗旨，神的使者是它的楷模，《可蘭經》是它的律法，聖戰是它的道路，為神犧牲是它最崇高的願望……若有敵人強占（指違法占用）穆斯林的土地，每個穆斯林都有義務擔負起聖戰的責任。為了對抗猶太人強占巴勒斯坦，我們必

須舉起聖戰的大旗。這需要在地方、阿拉伯與伊斯蘭教等層面上於群眾裡散播伊斯蘭的意識。」

在哈瑪斯的活躍分子看來，這個猶太人的國家其實是建立在穆斯林的土地上。哈瑪斯敵視和平的邏輯就是：一日伊斯蘭，永遠伊斯蘭。巴勒斯坦的土地是所謂的「瓦合甫」（waqf），在伊斯蘭的律法中，它指的是不可讓渡的宗教捐獻。土地可以出租，可是在任何情況下都不許買賣。許多阿拉伯的大地主早在以色列建國前的數十年便曾將土地賣給一些猶太移居者。可是哈瑪斯並不承認以色列這個

早在 90 年代就已經有巴勒斯坦激進組織的自殺式攻擊，然而其數量卻不似第二次巴勒斯坦大起義期間如此眾多。圖為 2002 年 6 月於耶路撒冷被炸毀的一輛公車。

國家。在激進的巴勒斯坦人看來，唯一的可能就是所謂的「胡德納」（hudna），在阿拉伯語裡相當於「停戰」之意。

雖然在以色列這邊被視為聲名狼藉的恐怖團體，可是在信奉伊斯蘭教甚至於某些信奉基督教的巴勒斯坦人心目中，哈瑪斯卻享有極高的聲望。這個組織在歷經多年後已逐漸與不少社會機構建立起緊密的網絡。類似於黎巴嫩的真主黨，這個激進的團體同樣也特別在貧窮的群眾身上下了許多功夫。某些成員會投身於社會機構，相較於被視為官僚、腐敗的法塔赫政府，這個團體給予民眾們的幫助往往顯得直接且簡單許多。哈瑪斯之所以對於貧窮的難民營著墨甚深，其原因不外乎從這些地方招募大量的死士。

穆斯林兄弟會（Society of the Muslim Brothers）既是哈瑪斯的上級組織，也是他的典範。穆斯林兄弟會是由教師哈桑‧班納（Hassan al-Banna）於 1929 年在埃及創立。當時他所帶領的伊斯蘭運動主要是在對抗滯留於埃及的英國部隊。因為英國這個昔日的殖民強權雖然在 1922 年允許埃及獨立，可是直到 1957 年，亦即蘇伊士危機的隔年，英國的軍隊還是遲遲不肯離開。

穆斯林兄弟會

在哈瑪斯激進的策略下，以色列政府遇上了一個大麻煩。沒有人曉得該如何阻止這些由哈瑪斯所招募的死士。傳統的軍事手段顯然在這方面派不上用場。取而代之的是，以色列軍方索性直搗這些死士的家人們居住的地方。

此舉本該收到一點嚇阻效果，實際上卻是徒勞無功。以在海法的一家餐廳發動攻擊的夏迪・圖巴西為例，便可窺知一二。在他的弟弟**安姆賈德・圖巴西**透過清真寺的廣播得知這起自殺攻擊事件後，他便在等待懲罰的到來。「後來來了一群士兵，他們給了我們二十分鐘，要我們離開自己的住處，接著就將一切全都搗毀。我們既不能返回，也不能修繕。那間屋子如今還維持著當年被破壞後的模樣。不過我們倒是可以搬到同一棟房子的三樓。」

在海法攻擊事件中倖存的**英蓓兒・紹爾**，當時是背對著餐廳的入口。相反的，坐在她對面的弟弟則可以見到那位自殺炸彈客。「我弟弟因而被夢魘所糾纏。在我們家附近有座墓園。他常常會夢到那位恐怖分子從墓園跑來我們家把他抓走。」

英蓓兒・紹爾的母親和她的兩個弟弟在攻擊事件後接受了心理治療。英蓓兒則是拒絕接受治療。「我並不想去看心理醫生。大約有半年的時間我都沒有與人談起這件事，因為我認為，反正沒有人能夠了解。那時我經常一個人穿著睡衣待在家，我既不與朋友見面，也不念書，我根本什麼事也不做。直到今天我還是不理解，到底發生了什麼事。每當我向某人提起這件事，他們就會不禁流下眼淚。接著我就會問：你幹嘛要哭呢？我活了下來。你應該為我感到幸運才是。」

除了哈瑪斯以外，阿薩克烈士旅（al-Aqsa Martyrs' Brigades）的死士們也滲透到了以色列。這個激進團體是從法塔赫分離出來的武裝派別。**阿南・塔布克（Anan Tabouq）**在十九歲時成為這群戰士裡的一員。「從那時起，我便成了以色列人通緝的對象。因此，我幾乎不回家，也很少見到自己的家人。我自己睡在別的地方。夜裡我往往都不睡覺。我從未離開過納布盧斯，也從未見過一個沒穿制服的以色列人。我們分散在舊城的不同區域。以色列的軍隊會在夜裡出動，有時我們會與那些士兵正面交戰，我們當中的某些人會負責對付我們這邊的叛徒。至於其他的人，有的會在以色列軍隊的檢查站，有的則會在以色列境內進行炸彈攻擊。以色列人擁有現代化的武器，我們則擁有自己的信仰。我相信巴勒斯坦。我們失去了一切，除了我們的尊嚴。我並不怕死。我相信聖戰。」

在歷經海法的攻擊事件後，倖存的**英蓓兒・紹爾**有了很大的改變，其中包括了她對生活在以色列的阿拉伯人的態度。「我無法去看阿拉伯人，也無法去聽阿拉伯語。我憎恨他們。因此我熱愛我們的軍隊。我到軍隊的總部去服務。我無法理解那裡的男生，男生可以戰鬥，可是他們卻不戰鬥。有時他們還會奚落我，或是問我為何那麼愛軍隊。我愛自己的國家。我其實大可不必因為攻擊事件就跑去軍隊服務。可是我就是無條件地想這麼做。我喜歡穿上

我的制服。」

　　英蓓兒的弟弟**伊丹‧紹爾**對於住在以色列的阿拉伯人有完全不同的看法。「我並不認為所有的阿拉伯人都這麼壞。我痛恨那些狂熱分子，可是其他的阿拉伯人喜歡我們，他們和我們共同居住在海法。」就連在特拉維夫或耶路撒冷這些大城也都住著許多阿拉伯裔的以色列人。他們或他們的家人並未在 1948/49 與 1967 年的戰爭中因為以色列的軍隊而逃亡或被驅逐。直到巴勒斯坦的激進團體展開大規模的恐怖攻擊後，這些阿拉伯裔的以色列人才遭到眾人猜疑。他們雖然持有以色列的護照，可是往往卻自稱為巴勒斯坦人或以色列的巴勒斯坦公民。

　　哈莎‧阿哈迪（**Hazar al-Hadi**）也曾因自己黝黑的膚色而感受到別人對自己的猜疑：「當時我正在回家的路上。我在離站牌幾公尺遠的地方等著公車。不久之後，有輛軍用吉普車在我附近停下。兩名士兵下了車，他們不僅朝著我走了過來，還用他們的槍對著我。站牌附近的其他人紛紛走避，只留下我一個人獨自站在那裡。每個人都盯著我看。我感到很害怕，因為我曉得他們把我想成了什麼。可是一時間我完全不知該如何是好。接著那些士兵便要我拿出證件，當他們看到了我的以色列護照，很明顯地鬆了一口氣。後來我父親開車到站牌來載我回家，在車子上我氣到都哭了。」

在第二次大起義爆發後，哈莎・阿哈迪為自己立了幾條規則，其中一條涉及到了她的包包外觀。「後來我都會想一想，在我外出時，我該帶些什麼。我發現，當我走進咖啡店或搭上公車，人們總是會對我投以異樣的眼光。最好的辦法就是揹一個彩色的背包，因為這樣子我看起來就會像個觀光客。」

來自東耶路撒冷的**席芭・阿拉揚（Hiba al-Ayan）**想要和一群以色列的年輕人飛往美國。特拉維夫機場的安檢很嚴格，擁有阿拉伯姓名的旅客要接受冗長的盤問，目的地是巴勒斯坦地區的觀光客情況也差不多。「猶太裔的以色列人很容易就能通過檢查，我們卻必須在一旁枯等。身為阿拉伯裔以色列人的我，過個海關得等上一個半小時。有位女士把我帶到一個小房間裡，在那裡徹底地搜查我。搜完之後她緊接著開始盤問我。可是我持有以色列護照，我是以色列這個國家的公民，我應該和其他人一樣被放行。我完全無法理解這樣的舉動。我並沒有要炸死誰，我自己就是以色列人。從前我甚至還為自己身為以色列人而感到驕傲。我對那些衝突沒什麼概念，可是自從我在機場有過這樣的經驗，我便再也不自詡為以色列人，因為我根本就不是。我只是一個住在以色列的巴勒斯坦人。」

阿美德・阿莫斯是位巴勒斯坦的計程車司機，在回憶某個於耶路撒冷的工作日時，他說道：「我得載一位老太太

去雅法街。我才剛轉進那條街便聽到一陣巨大的爆裂聲。離我兩百至兩百五十公尺遠的地方有輛公車爆炸了。坐在我旁邊的那位老太太對我大吼：『你們為何要這麼做？』她指的是我們阿拉伯人。我告訴她：『這不是我幹的，我也拒斥這樣的行為。』可是一路上她還是依然故我地不停數落我們阿拉伯人有多壞。我將她載到指定地點後便開車回家。回到家裡我才曉得，那輛爆炸的公車的駕駛是誰。消息很快就在附近傳開，因為他就住在我們這裡。他是我的一個朋友，和我一樣也是阿拉伯人。他在這起爆炸事件中幸運地逃過了一劫，我後來還去醫院探望他。過了一段時間之後，我才把那個老太太的故事說給他聽。」

巴勒斯坦人的自殺式攻擊與以色列軍隊的報復行動了無盡頭。儘管在國際間掀起龐大的批評聲浪，雙方仍然絲毫不為所動。所有和平的努力到頭來都化成了泡影。前美國總統比爾·柯林頓同樣也在 2000 年 10 月體驗到什麼叫做徒勞無功。當時柯林頓偕同埃及總統穆罕默德·胡斯尼·穆巴拉克（Muhammad Hosni Mubarak）邀請以巴雙方前往沙姆沙伊赫（Sharm el-Shaykh；該城位於埃及的西奈半島上）會談。巴勒斯坦自治政府主席亞西爾·阿拉法特與以色列總理埃胡德·巴拉克（Ehud Barak）雖然都應邀前往埃及，可是據稱雙方的政治人物卻連手都沒有握。

一直到了幾個月之前，亦即在 2000 年 7 月，阿拉法

特與巴拉克才在美國總統的度假地大衛營會面。這場由柯林頓所促成的會談，其箴言便是「全有或全無」。所有具爭議性的問題全都拿到檯面上來討論。對於從 1967 年起所占領的東耶路撒冷完全撤出，以及將軍民從百分之九十五的約旦河西岸地區撤出，以色列在這些問題上已有意讓步。然而，有兩個重要的核心問題依然得不到解決：舊城（此處同時為猶太教、伊斯蘭教與基督教的聖地所在）該由誰來管理？巴勒斯坦的難民又該如何處理？阿拉法特要求賦予所有難民回歸權。巴拉克不同意這一點，因為，如此一來，在這個猶太人的國家裡，巴勒斯坦的穆斯林與基督徒很快就會多過猶太人。

就這樣，由前美國總統比爾‧柯林頓所主導的和平政策也功虧一簣。暴力之火在雙方持續延燒。以色列軍方在巴勒斯坦地區大肆搜捕恐怖攻擊的幕後黑手。以色列的士兵大多是服義務役的人。**席莉‧巴茲維（Schiri Bar-Zvi）**當時是戍守在加薩走廊的士兵。「我們多半不是在吉普車上就是在基地裡，可是我從來也沒有安全感。當我們在路途中，小孩會朝我們丟石頭。我很害怕，因為丟過來的畢竟有可能會是別的東西。我們被訓練成對另一邊毫無信任。在加薩走廊，到了傍晚我們往往會坐在海邊。那裡離我們的軍營很近，夕陽很美，很有和平的氛圍。我躺在基地裡睡覺時，會聽到宣禮員（召喚穆斯林進行禮拜的人員，多

175

半會透過清真寺的廣播）的聲音。那些聲音很優美，我很喜歡那樣的吟唱。可是，另一方面，我卻也同時感到很害怕，因為我不曉得他到底在唱些什麼。有時在夜裡我會聽到一些槍聲，我不知道那是誰以及從哪裡發出。在退伍後的頭兩年裡我老是做惡夢。」

很快的，軍隊檢查站便成為加薩走廊與約旦河西岸的巴勒斯坦人生活當中的一環。以色列軍隊不僅在市區入口建立檢查站，就連許多車輛來往的街道也不例外。如欲前往某些位於約旦河西岸地區的目的地，巴勒斯坦人還必須向以色列政府申請通行證。像**阿美德‧阿莫斯**這樣的巴勒斯坦人，每天都必須依照路線的長短多次出示證件與經受搜查。「有位士兵在我們村子附近的檢查站將我攔下來。我的太太抱著我們的一對雙胞胎坐在後座，我們五歲大的女兒則坐在她旁邊。當時雨下得很大。我將我們的證件出示給那位士兵，他卻要求我太太下車。我並不想要這樣。可是他卻執意要她離開車子。這讓我很火大。於是我下了車，打開後座的車門，我抱起她手中的雙胞胎並將他們遞給那位士兵。我問他，這下滿意了吧。接著我又把另一名士兵叫過來，他就說，這樣沒事了，接著就放我過去。」

以色列人**席莉‧巴茲維**細數檢查站的以色列士兵必須牢記的一些問題：「在我身旁的巴勒斯坦人會不會引爆炸彈？那名婦女是否真的懷孕，抑或她其實身懷炸彈？我們

是以色列軍隊的士兵，他們不用期待我們會客客氣氣地對待他們。如今的情況已有所改變。現在我或許會更注意到人性化的一面。我當時還只是個十八、九歲大的孩子。對於肩負起斷人生死的重責大任實在太年輕了。」

　　儘管國際間為了以巴和平做了種種努力，暴力卻依然無止無休。以色列政府宣布大選將提前舉行。2001 年 2 月 6 日，新任總理上台。艾里爾·夏隆，這位在四個月前參訪聖殿山從而引爆第二次巴勒斯坦大起義的政治人物，如今成為這個國家最有權力的人。

　　夏隆以各種強硬的手段回應了巴勒斯坦人的恐怖攻擊。他的鐵腕政策可說是正中其最重要的國際盟邦——美國的下懷。因為，這個時候就連美國的政治局勢也為之丕變。共和黨人在大選中勝出，小布希（George W. Bush）入主白宮。在 2001 年 911 恐怖攻擊事件後，這位新的美國總統便為「反恐戰爭」拉開序幕。以色列陳兵巴勒斯坦地區也被他列入這項鬥爭裡。

　　2002 年 4 月，以色列在巴勒斯坦的傑寧與伯利恆發動了自第二次大起義爆發以來前所未有的大規模軍事行動。在那之前，巴勒斯坦人曾經發動過一連串自殺攻擊事件；光是在 2002 年 3 月就發生了十二起攻擊事件。2002 年 3 月 9 日，一名哈瑪斯的炸彈客在耶路撒冷的一家咖啡館引爆炸彈。3 月 27 日，另一名炸彈客則在內坦雅（Netanya）

逾越節屠殺

的一家旅館引爆炸彈，造成了三十人死亡，超過一百四十人輕重傷。

以色列軍隊直搗位於傑寧的難民營。許多自殺式攻擊者都來自這個營區。居住在離這個難民營數百公尺之遙的巴勒斯坦人**札瑪爾·塔雷布**（Dschamal Taleb）回憶道：「許多坦克與吉普車從我身旁駛過。我們家前面的牆被搗毀。士兵們將整個難民營團團圍住。他們從四面八方同時發動攻擊。當時日間與夜間都有戰鬥發生。我每天只能睡個一到兩小時。其他時間我都站在窗前看著直升機來來去去。那段期間大概有將近四十個人住在我家。他們是從難民營裡逃出來。就連我的鄰居也都想跑來我家睡覺。我會說英語，他們認為，萬一有士兵過來，我可以和士兵們溝通並且保護他們。在那之後，我去難民營晃了一下。舉目所及盡是被搗毀的房屋，就彷彿那裡剛經歷過一場大地震。」

在伯利恆，2002 年 4 月初有一百五十多名巴勒斯坦人在聖誕教堂裡築起了防禦工事；根據基督教的記載，耶穌基督正是在此處出世。由於以色列的部隊進城大舉搜捕一連串在以色列所發生的爆炸案的幕後兇手，因此巴勒斯坦人便紛紛走避。不久之後，以色列的坦克車進駐，軍隊在伯利恆實施了三十九天的戒嚴。舉家居住在此地的巴勒斯坦人**賈克·內諾**回憶道：「我們一家四口住在一起。每五天

傑寧難民營屠殺

圍攻伯利恆聖誕教堂

我們只能外出三小時。我們會利用這段時間去購買食物及其他的必需品。當時的物價很高。我們成天坐在電視機前收看半島電視台所播放的新聞。在最初的幾天裡，我們確實乖乖地待在家。過了十天以後，我們已漸漸習慣了坦克車。如果附近沒有士兵出沒，我們便會溜到鄰居家裡打牌或是玩雙陸棋。」

為了挨家挨戶地搜捕巴勒斯坦的好戰分子，以色列的軍隊實施了戒嚴。有一天，一群士兵來到了賈克‧內諾的住處。「他們進門之後便開始翻箱倒櫃，把包括衣服在內的一切統統丟到了地上。我試著與他們溝通，可是這並不容易。我問他們：『你們究竟在找些什麼？也許我能幫你們。』其中一位告訴我，他們在找壞人。於是我又問：『那麼壞人長什麼樣呢？』那位士兵告訴我，他們擁有武器。接著我又問：『那麼為何你也帶著武器呢？』他只好反駁說，他所帶的是 M16 步槍，壞人則是用卡拉希尼科夫步槍殺人。」

伯利恆聖誕教堂的衝突事件在幾經失敗的嘗試後，最終以妥協收場：有部分的巴勒斯坦人遭到驅逐，另有一部分必須被關進巴勒斯坦的監獄裡，至於大部分的人則獲得免刑，可以繼續居住在巴勒斯坦地區。以色列在傑寧與伯利恆所發動的軍事行動，對於巴勒斯坦的激進團體而言根本不痛不癢。當時以色列軍隊曾多次對亞西爾‧阿拉法特施以軟禁，這位巴勒斯坦的領導人不許離開他的指揮總

部。以色列軍方將這次陳兵傑寧與伯利恆的行動稱為「防護盾行動」（Operation Defensive Shield）。

以色列西岸藩籬　　在夏隆的主政下，以色列政府在 2003 年又祭出了更多措施來對付持續的恐怖攻擊。以色列政府認為，一道長達七五〇公里將約旦河西岸圍起來的隔離設施，將可阻止那些潛在的刺客。支持這項計畫的人說這是籬笆，反對這項計畫的人說這是圍牆，現實則是介於這兩者之間。這個藩籬大部分是由鐵絲網、壕溝、柵欄、運動探測器與崗哨所構成，不過，特別是在人口稠密的區域附近，則修築有高達八公尺的高牆。

在伯利恆的市郊，以色列軍隊修築了一堵這樣的牆，一旁還設有檢查站。在伯利恆土生土長的**賈克・內諾**表示：「在那道牆蓋起來之前，總是有路可以通往耶路撒冷，總是有不受管制的地方。如今我彷彿住在一個捕鼠器裡。我覺得自己活像在監獄。我有個朋友住在加薩走廊，我們之間相隔僅六十公里，可是我們每年都會在法國見上一面，因為樣見面簡單多了。」

國際間對於這道藩籬的批評，重點並非擺在它的外觀，而是擺在它的行進路線。根據以色列政府的計畫，這些柵欄與高牆實際上將百分之十的巴勒斯坦地區圈進了以色列這邊。如此一來，位於巴勒斯坦地區裡的猶太屯墾區，例如介於拉姆安拉與納布盧斯之間的埃里爾以及位於

伯利恆的古什埃齊翁等，就等於變成以色列的囊中物。

　　很快的，阿布迪斯（Abu Dis；東耶路撒冷的一個地方）也被一道牆區隔。**瑪赫拉**與**瑪娜兒‧阿雅德（Mahera & Manal Ayyad）**這對姊妹分別住在這道藩籬的兩邊。瑪娜兒曾親眼見到當時工人們是如何在她家旁邊五十公尺處蓋起這道牆。「這是一步一步發生的。起初他們只是蓋了一道矮牆，我們可以直接翻過去。後來他們把牆加高，不過下方還是留有一個小通道，我們可以從那裡進出。如今則是完全封住了。」

　　這道牆砌好之後，殖民者便遷入鄰近的山丘。**莎芭‧阿雅德（Sabah Ayyad）**，瑪赫拉與瑪娜兒的母親，憶起了另一段時光：「從前我們會帶著食物到那裡去野餐。由於那裡有個蓄水池，因此就連貝都因人也會來。那裡有草地，有泉水。貝都因人有羊和馬。如今一切都被禁止，入口處有士兵在把守。」

　　瑪赫拉與她的丈夫及子女住在藩籬的一邊，她的妹妹瑪娜兒與父母親則住在藩籬的另一邊。為了回自己的娘家，她往往得要繞上很長的一段路。「在這道牆蓋起來之前，我一天會回來兩次。如今我一個月只回來一次。這實在太麻煩了，既費時，又費錢。從前只要散個步就能回家，現在卻得要坐上個把鐘頭的公車。這會讓我的小孩很緊張。我有三個女兒和一個兒子。如果我的兒子得要畫

畫，在他的畫上總會出現一個以色列的士兵。」

　　這道藩籬嚴重拘束了巴勒斯坦人的行動自由。此外，種種規定也使得自由駕駛變得不可能。例如，車輛能夠行駛得多快取決於車牌的顏色；以色列駕駛人擁有黃色的車牌，巴勒斯坦人則擁有綠色的車牌。巴勒斯坦人**賈克・內諾**解釋了兩者的差異：「我的汽車有塊綠色的車牌，我只能行駛在約旦河西岸地區。即便是在這個地區裡也並非哪裡都能去。有些道路是通往以色列屯墾區，那些路是以色列人專用，我不能開上去。如果我要開去拉姆安拉，那麼最短的路徑就是穿過耶路撒冷，我從前都是這麼開，這樣只要開二十五公里，在半小時以內就能抵達。如今我必須繞過耶路撒冷，整個路程變成了六十公里。這還不打緊，沿途還有重重的檢查哨，我不曉得自己會不會惹得那些士兵不高興、是否得歷經冗長的等待。如果有人在拉姆安拉工作，他永遠無法保證自己能夠準時上班。」

　　在 1987 年的第一次巴勒斯坦大起義之前，情況完全不是這樣。以色列軍方在大起義前賦予了巴勒斯坦人許多自由。賈克・內諾還記得當時的情形：「當時我想去哪裡都不成問題。無論是到北邊的黎巴嫩邊境，或是到南邊的埃拉特，完全都可以。那時我父親會載著西班牙與美國的觀光客四處跑透透，我經常會與他同行。每年我都會和朋友以及我的堂兄弟前往提比里亞。我們會在加利利海旁邊住上

一位巴勒斯坦人沿著以色列的藩籬行走。在人口稠密的地區附近，這道隔離設施是由高達八公尺的高牆所構成。

一個月。」

　　2003 年起的修築藩籬與第二次大起義爆發後施行的嚴格管制，給經濟帶來了不小的衝擊。由武裝士兵所看守的高牆與對巴勒斯坦激進團體的恐懼，讓越來越多的觀光客對約旦河西岸地區卻步。在朝聖城市伯利恆，觀光客的數量急遽下滑。在 2000 年直到大起義爆發前夕，每個月都還有將近九萬名旅客前來此地觀光。到了 2004 年，每個月則只剩下大約五千人。在這段期間，約有三十家旅館關門大吉。從前每天動輒超過九十輛遊覽車停在聖誕教堂前的盛況，如今每天只能勉強湊個五輛。

　　受重創的不僅是觀光業，其他許多行業也變得十分蕭條。在納布盧斯一家生產橄欖油香皂的工廠工作的**納耶爾‧庫巴奇（Nael Qubbadsch）**表示：「如今，由於受到檢查站的影響，出口變得比以前困難。運輸的路途比以前長了許多。從前貨車從納布盧斯開到拉姆安拉只需要一個半小時，現在卻需要三到四個小時。這中間至少會遇到四個檢查站。這會耽誤到運送。貨車司機在每個檢查站都得停車受檢，在受檢時，他們必須在士兵面前將整車的貨物卸下。這大約是十一噸半的香皂。為此，我們還得雇用其他的工人。有時部分貨物還會因此受損。特別是在冬天，紙箱會受潮。凡此種種都會造成額外的成本。」

從南邊的加薩走廊衝突到北邊的 2006 年第二次黎巴嫩戰爭

　　更為嚴格的管制以及高達數米的圍牆和柵欄展現了成效。發生在以色列的自殺式攻擊事件明顯減少。那些支持在以色列與巴勒斯坦地區之間修築藩籬的人認為，自己的想法被證實是對的。然而，反對者卻依然對長期的成效感到懷疑。他們所持的論據是：檢查站與藩籬所影響到的並非只有那些自殺式攻擊者，而是所有的巴勒斯坦人。此外，那些藩籬局部穿過了巴勒斯坦地區，從而將某些地方分隔開來，這可能會引發更大的憤怒與憎恨，如此一來，不僅會驅逐那些溫和的巴勒斯坦人，同時還會助長巴勒斯坦的激進團體日益壯大。

　　雖然這道藩籬可以阻止部分的自殺式攻擊者，可是以色列卻依然持續遭受到從加薩走廊發動的攻擊。攻擊所使用的武器是一種名為「卡桑」的火箭，它的發明人是從前的叛軍領袖伊宰・丁・卡桑，在 1930 年代時，他曾對抗過當時滯留於巴勒斯坦的英國託管勢力。由於屢遭卡桑火箭的攻擊，斯德洛特（Sderot）這個地方一再登上新聞版面。這個以色列的小城距加薩走廊僅五公里之遙。對於這樣的攻擊，居住在斯德洛特的**莉奧・菲勒**早已司空見慣。一旦雷達偵測到火箭的位置，警報便會大聲響起。「一旦警報響

卡桑火箭攻擊／巴勒斯坦火箭攻擊

185

起，我會有十五秒鐘的時間，可是我什麼也不做。既然在這樣的情況裡我宛如盲目，索性就讓自己聽天由命。也許是因為我來自耶路撒冷，那裡也常發生爆炸。又也許是因為我們以色列人神經都變大條了。當火箭接近你的時候，你會先聽到呼嘯而過的哨聲，隨即便是一聲巨響。可是警報比卡桑火箭還可怕，它會不斷在你的腦海裡盤旋。」

　　哈瑪斯與其他巴勒斯坦激進組織的成員從 2001 年 10 月起，便一再地從加薩走廊朝以色列的方向發射他們自製的火箭。並非每顆卡桑火箭都會被雷達偵測到，某些火箭會在毫無預警下襲來。以色列人莉奧·菲勒對其中一場夜襲印象深刻，當時她的反應可不像平時那樣從容：「當時我正在睡，爆炸聲把我驚醒。我跳下床，把我的床墊翻了過來。我在部隊裡有學過，夜裡總是將自己的武器放在床墊底下。那時我已經清醒，很認真地在找著自己的武器。可是這一回根本就沒有武器，因為我早就不在部隊裡。」

　　以色列軍方出動了砲兵、空軍與特種部隊來回應卡桑火箭攻擊。問題是，這些卡桑火箭是從人口稠密的加薩走廊發射。因此，任何以色列的軍事行動都會有很大的風險，因為加薩走廊的絕大多數居民與這些卡桑火箭完全無關。

砲擊拜特哈農（「秋雲行動」）

　　2006 年 11 月，以色列的砲兵猛轟位於拜特哈農（Beit Hanoun；加薩走廊東北部的巴勒斯坦城鎮）的民宅。不久

之後，以色列軍方出面表示，這是一個技術上的疏失。真正的目標其實位在距砲擊處數百公尺遠的地方，卡桑火箭便是從那裡朝以色列發射。這個「技術上的疏失」造成了十九名巴勒斯坦人喪生。伊兒涵·薩德·阿坦納（Ilham Saad al-Athamna）與她的弟弟穆尼爾，在短短幾分鐘之內就幾乎失去了所有的家人。

穆尼爾·薩德·阿坦納（**Munir Saad al-Athamna**）與他的幾個兄弟一起睡在同一個房裡。「一大清早我就被爆炸聲驚醒。我跑出房間，到處都是牆壁碎片。整間房子瀰漫著煙，我幾乎什麼也看不見。我聽到我的家人在喊叫，可是我不曉得該往哪裡跑。後來我看到了我姪子，他的右手已經沒了。」他的姊姊伊兒涵回憶道：「當時到處都是屍體，我試著要去辨認我們家裡有誰死了。我在某個地方發現了我弟弟，他的上半身與下半身已經完全分開。他看著我，可是我們再也幫不了他。」

以色列的軍事行動與哈瑪斯的卡桑火箭攻擊無休無止。一直到 2005 年 8 月，在加薩走廊又累積了更多的爭端。在這個面積不大的區域裡，除了住著一百四十多萬巴勒斯坦人，另有大約七千名以色列殖民者也定居此地。士兵守護著名為古什卡蒂夫的屯墾區。以色列人**瑞秋·薩柏斯坦**與他的夫婿便居住在這裡。「這裡的景色相當優美，棕櫚、沙丘、紅瓦白屋、花園、地中海。我們每天傍晚都會

在我們的露臺上欣賞日落。這是在一個美好地方的美好生活。」

即使在國際間頗富爭議，可是在以色列人看來，古什卡蒂夫已經發展成一個十分成功的事業。殖民者藉由專業分化在此生產了許多所謂「純淨」的食物。猶太教的飲食戒律規範了何謂「純淨」，猶太教的信徒必須遵守這樣的戒律。舉例來說，牛奶和肉必須分開食用，豬肉、貝類、海鮮及昆蟲則不可食用。在伊斯蘭教的規條裡，人們所講究的是「清真」（halal）。在阿拉伯文裡，此一用語為「合法」之意，它指的是穆斯林可以做的所有事情。如同猶太人，他們也不許食用豬肉。

瑞秋·薩柏斯坦還記得他們剛移居屯墾區的情況：「我們對農業一無所知。我們來到了一個農民的世界。不久之後，我便任職於一所宗教的女子學校。我會在夜間教導一些成人。這些農夫在沙地上蓋起了他們的溫室。那是高科技的農業。古什卡蒂夫出產了許多無蟲的蔬果，信奉猶太教的家庭主婦不必再逐葉檢查是否有昆蟲殘留，這點在宗教界很有市場。我們所栽種的一切都不斷地成長。」

夏隆的撤離加薩走廊政策

然而，到了 2004 年 6 月，由艾里爾·夏隆所主導的以色列政府卻一改一直以來對殖民者友善的政策。這位以色列總理提出了將殖民者從加薩走廊撤離的打算。究竟是什麼事情讓這位經驗豐富的政治人物轉向，這個問題迄今仍

然是眾說紛紜。夏隆的態度不變有很多可能的原因。可能的原因之一就是，每次與巴勒斯坦人的和談總是在某些核心問題上觸礁，這些問題主要是涉及到了巴勒斯坦難民的回歸權以及猶太殖民者的滯留。撤離殖民者會帶給巴勒斯坦這邊很大的壓力，因為如此一來，巴勒斯坦人自己也必須在難民回歸的問題上做出讓步。另一個可能造成夏隆改變想法的原因則是，單純的現實考量。為確保屯墾區與殖民者專用道路，軍方必須付出十分高昂的代價。許多年輕的士兵都是在這些占領區服完他們的兵役。對於那些往往十分危險的軍事行動，有意見的可不只是這些士兵的家屬。

然而，不少批評的聲音卻也對高估夏隆的政策轉向發出警告。撤離計畫影響到了居住在加薩走廊的六千五百多名殖民者。此外，在約旦河西岸與東耶路撒冷的近兩百個定居點裡，也還住著將近四萬名殖民者。國營的公車公司在這當中許多地方都設有公車路線，有部分的公車甚至還配有裝甲，是以巴勒斯坦地區裡分布了許多以色列的候車亭和加油站。此外，以色列政府還為猶太殖民者安置了許多路標，這些路標所指示的方向，往往都是像特拉維夫這類巴勒斯坦人基於「安全理由」無法前往的城市。

殖民者們走上街頭抗議夏隆的撤離政策。大規模的群眾示威將這個社會撕裂成了兩種顏色——橘色反對撤離，藍色贊成。殖民者與其支持者，除了分發綁在汽車天線上

的橘色布條，還販售臂章與 T 恤。相較於在親西方的特拉維夫，他們在宗教色彩濃厚的耶路撒冷擁有更多的支持者。

在夏隆所屬的政黨裡，亦即以色列聯合黨，也有越來越多成員跳出來反對他的加薩撤離計畫。為避免更多的抗議，於是夏隆從聯合黨出走，另組了前進黨（Kadima；在希伯來文裡為「前進」之意）。2005 年 8 月，從加薩走廊撤離殖民者的計畫正式啟動。伴隨著殖民者大規模的抗議，以色列軍警將大約一萬四千多位古什卡蒂夫的居民遷走。

那是段對於殖民者**瑞秋·薩柏斯坦**而言不堪回首的往事。「當時我們連同一群友人全都待在我們家裡。數以百計的軍警在外頭待命，他們完全不和我們交談。無論我們問什麼，他們總是相應不理。我對他們說：『看著我、看著我丈夫，請你們永遠記住，我們是長什麼樣子！你們應該一輩子牢記我們的臉！我永遠不會原諒你們！』當時我並不害怕，我只是累，累到都不想戰鬥。他們開始對我們洗腦，說什麼遷離的人立刻就能獲得補償。當時我們進入或離開古什卡蒂夫都需要許可。他們頒布了一些法令，讓我們的日子越來越難過。我去到超市，架上根本什麼食物也沒有了。」

對於以色列殖民者撤離一事，許多居住在加薩走廊的巴勒斯坦人，都與來自加薩市的**拉菲克·褚達利**有著同樣

的看法：「以色列人認為，他們這麼做是在送人情給我們，可是從加薩撤離並不會帶來任何改善。加薩走廊宛如一座監獄，現在不過是這座監獄的規模變大了，如此而已。這是座世界最大的監獄。」教師**拉姆齊·哈蘇納（Ramzi Hassouna）**一直以來始終認為：「我想要離開加薩，可是為此我必須辛苦地工作。我有個朋友移民到瑞典，另一個則移民到英國。每個人一有機會都想走。不過這對我的父母而言有點難。」

然而，以哈瑪斯為首的巴勒斯坦激進團體卻趁著以色列殖民者的撤離大肆進行宣傳。這些極端分子完全不想理會什麼和談。哈瑪斯的領導階層做了一個重大的決定，他們打算參加 2006 年 1 月巴勒斯坦議會的大選。

哈瑪斯之所以受到歡迎，並非只是由於以色列撤離加薩；因為這件事情與約旦河西岸和東耶路撒冷地區的巴勒斯坦人並沒有太大的關聯。哈瑪斯的人氣高漲顯然是出於其他的原因。巴勒斯坦地區的經濟情況十分悲慘，不過大家都曉得元凶是誰。一直以來，巴勒斯坦的政治走向都操控在法塔赫這個黨派手裡，指責法塔赫的民意代表們貪污腐敗早已不是什麼新聞。在亞西爾·阿拉法特於 2004 年 11 月逝世後，種種的指控也越來越嚴重。

在許多巴勒斯坦人的心目中，阿拉法特是位不可批評的傳奇人物。這位巴勒斯坦自治政府的領導人一死，

法塔赫不僅陷於群龍無首的狀態，各式各樣的攻擊也蜂擁而來。阿拉法特的後繼者馬哈茂德‧阿巴斯（Mahmud Abbas）無力扭轉這樣的局面。相較於總是身著軍裝佩戴頭巾的阿拉法特，這位經商出身的政治人物在鏡頭前總是西裝筆挺。

當時大家都認為，在 2006 年 1 月的大選裡，哈瑪斯應該會選得不錯。選情專家們預測，哈瑪斯將會獲得百分之十到三十的選票。幾乎沒有人認為他們能獲得壓倒性的勝利。然而，選舉的結果跌破了眾人的眼鏡。哈瑪斯在全部一百三十二席當中囊括了七十六席，穩穩控制了位於拉姆安拉的議會。由於這個激進的團體掌握了過半席次，因此他們可以單獨執政。伊斯梅爾‧哈尼亞（Ismail Haniyeh）出任了這個新的哈瑪斯政府的總理。這場勝利是以一場「昂貴的」（就這個詞最真實的意義來說）選戰為前提。在這之前，法塔赫與哈瑪斯這兩個敵對的團體曾多次在加薩市與拉姆安拉於夜間進行槍戰。

中東和平路線圖計畫終結　哈瑪斯的勝利代表著所謂的「路線圖」（Road Map）的終結。這項計畫是由俄國、美國、歐盟與聯合國在 2003 年 4 月時正式提出。在這當中，中東和平四方集團（Quartet on the Middle East）為巴勒斯坦人規劃了一個獨立的國家。只要巴勒斯坦人誓言放棄恐怖主義，以色列的部隊便會從加薩走廊與約旦河西岸地區撤離。

巴勒斯坦與以色列雙方的政府曾在飽受抨擊下於2003年4月同意了路線圖計畫。然而，在哈瑪斯勝選後，中東和平四方集團面臨了一個新的局面。這個巴勒斯坦的激進團體並不承認以色列的生存權。如此一來，等於宣告所有的和平計畫失敗。不僅如此，一直到選戰開始前，哈瑪斯還發動了大量的自殺式攻擊與卡桑火箭攻擊。來自國際社會可觀的資助如今是否必然會落入哈瑪斯的口袋裡？

　　這正是歐盟與其他的資助者所擔心的。在這樣的情況下，他們停止了對巴勒斯坦自治政府的金援。此舉讓哈瑪斯主持的巴勒斯坦新政府日益捉襟見肘。因為巴斯勒坦自治政府百分之九十五的預算都是利用這些國際金援支付。在失去財源後，公務員的薪水再也發不出來。總計有將近十六萬名政府員工受到了影響，其中包括了許多法塔赫的成員、公立醫院的醫生、教師與退休人員。巴勒斯坦人**瑪赫拉・阿雅德**是位母親，她當時正在為自己的子女尋找學校。「教師有好幾個月領不到薪水，他們索性也不教了。校長告訴我們，一旦學校重新開張，他會透過地方電視台通知大家。」

　　過了一段時間之後，歐盟完全封鎖的態度逐漸軟化，像**拉姆齊・哈蘇納**這樣的教師也重新獲得了部分的薪水。「在哈瑪斯勝選後最初的三個月裡，我一毛錢也沒拿到。如今歐盟會將薪水直接匯入我的戶頭。在大選之前，這些

錢是先撥給當時的法塔赫政府，他們之後再發給我。現在歐盟每個月匯給我三百歐元，從前我可以得到四百五十歐元。可是這並不夠我建立一個屬於自己的家庭。我得先存個四、五年，才有錢舉辦婚禮。」

政府的無資力很快便波及到其他領域。不僅營建業承包不到政府的工程，失去固定薪水的公務員也付不起帳單，進而對零售業者的經營造成了沉重的打擊。在拉姆安拉經營一家藥局的**蘇菲安‧阿布‧拉提法（Sufian Abu Latifa）**表示：「許多顧客都不夠錢。有些人會求我先賒點藥給他們，有些人甚至就在我面前哭了起來。看了真叫人鬱悶和沮喪。有些人買不起整盒藥，只能先買個一、兩顆。醫療保險是有，可是它的支付必須依賴外國援助。私人的保險只有少數人負擔得起。不少人會希望我少收個一謝克爾（Sheqel；約折合歐元兩角）。我該怎麼辦呢？我真的不想計較太多。於是乾脆把藥免費給他們。有些人會留下他們的姓名和電話，其中一部分人有回來給錢，可是大部分則沒有。他們真的是沒錢。」

巴勒斯坦內戰／法塔赫－哈瑪斯衝突

在大選過後的幾個月裡，哈瑪斯與法塔赫之間依然持續著激烈的爭鬥。其中最血腥的幾場流血衝突都發生在加薩走廊。對此，法塔赫的成員**穆罕默德‧阿法納（Mohammed Afana）**解釋道：「如果我被一個以色列人所傷，那麼我曉得，他是我的敵人。可是如果傷害我的是哈

瑪斯的成員，他其實和我一樣都是巴勒斯坦人。走了以色列的占領，來了哈瑪斯的占領。他們稱我們為沒有信仰的人。他們以為自己是老幾，居然敢這樣稱呼我們？」

　　哈瑪斯與法塔赫之間的爭鬥有許多的因素。許多法塔赫的成員失去了他們的公職，只能眼睜睜看著哈瑪斯將自己的人馬一一安插到各個位子上。**阿伊曼‧康尼塔**（**Ayman Qannita**）在 2006 年 1 月的大選中把票投給了哈瑪斯，在那之後，他們全家陷入了財務危機。「我支持哈瑪斯，因為舊政府在過去十年裡做的盡是些狗屁倒灶的事。我是個畫家，自從政黨輪替後，我的收入短少了將近七成。我有老婆和三個小孩要養，可是我不會因為金錢的緣故就改變自己的想法。下次大選我還是會投給哈瑪斯。」

　　來自加薩市的教師**拉姆齊‧哈蘇納**則是對大選採取抵制的態度。「許多人只想選擇哈瑪斯，因為他們想要改變。哈瑪斯讓人對更好的處境燃起希望，他們許諾會帶來更好的社會保障。他們描繪了一個十分美好的願景。在大選中，他們不叫自己哈瑪斯，而是自稱為『變化與改革』。我根本沒去投票。我既不是哈瑪斯，也不是法塔赫的成員，我只是個巴勒斯坦人。」

　　在巴勒斯坦大選結束的兩個月後，輪到了以色列的國會大選。這場大選主要是由右派政黨，包括由班傑明‧納坦雅胡所領導的聯合黨以及由阿維格多‧利伯曼（Avigdor

2006 以色列國會大選

Lieberman）所領導的以色列我們的家園黨（Yisrael
Beiteinu），對抗由艾里爾‧夏隆一手創立的前進黨。由於
在大選前夏隆因為中風陷入昏迷，其所屬的政黨必須在沒
有這位創黨元老的帶領下獨自應戰。

　　夏隆的後繼者埃胡德‧歐麥特（Ehud Olmert）延續了
夏隆的政策。這位前耶路撒冷的市長帶著進一步的撤離計
畫投入選戰。在撤離加薩地區後，約旦河西岸地區的一些
定居點也被列入了撤離名單。這當中主要是涉及到所謂的
「前哨站」，也就是一些小型的定居點；這些地方離以色列
的基礎設施相當遙遠，唯有在高度軍事警戒下方能保全。
至於耶路撒冷周圍的大型屯墾區則保持不變。

　　許多人認為，在哈瑪斯奪下了巴勒斯坦的議會後，
以色列這邊的右派政黨將會勝出，而他們則會採取更強
硬的手段來對付巴勒斯坦的激進團體。然而在投票的過程
中，內政方面的議題顯然扮演了更為重要的角色。以阿
米爾‧佩雷茨（Amir Peretz）為首的工黨在計票結果出爐
後位居第二。佩雷茨遂與由歐麥特所領導的前進黨聯合執
政。當時工黨的主要訴求之一是法定最低工資。這項政見
對於那些猶太新住民很有吸引力，因為在這個國家裡他們
多半是屬於弱勢族群。

　　計畫將殖民者從約旦河西岸地區撤離是一回事，能否
成功執行則是另一回事。對於埃胡德‧歐麥特而言，哈瑪

斯利用加薩撤離計畫贏得選戰一事可謂殷鑑不遠。在哈瑪斯勝選後，整個局勢看起來就好像以色列政府由於畏懼這個激進的政黨不僅做了讓步，而且還願意奉還更多的定居點。然而，另一個事件的發生卻促使以色列的新政府將原本的撤離計畫束之高閣。

2006 年 7 月 12 日，激進的伊斯蘭組織真主黨在靠黎巴嫩的邊境擄走了兩名以色列的士兵。這兩名以色列人是中了真主黨成員的埋伏。事實上，在 1982 年的黎巴嫩戰爭之前與之後，這類事件便時有所聞。然而，在大選結束的幾個月後所發生的這起綁架兩名士兵的事件，卻迫使總理埃胡德・歐麥特與國防部長阿米爾・佩雷茨不得不有所行動。他們兩人在部分的群眾裡由於缺乏與激進團體戰鬥的概念而飽受批評。稍早前在 2006 年 6 月已有一名以色列士兵在加薩走廊被擄走。

不久之後，以色列終於決定以軍事行動來回應這些擄人事件。以色列人**雅各・卡齊爾**在假期中得知了這些事件。「當時我在慕尼黑度假，我在那裡聽聞了這場戰爭的消息。我的兩個兒子都住在靠黎巴嫩的邊境，他們也有子女。我心想，他們需要我的幫助。我讓我太太暫時先留在德國，我自己則立刻動身飛回以色列。抵達特拉維夫時已是夜裡，那時已經沒有開往北邊的公車或火車。於是我想辦法搭別人的便車回到位於海法的家。我才回家不到三

第二次黎巴嫩戰爭／七月戰爭／2006 以黎衝突

天，我的一個兒子就接到軍隊打來的電話。他必須前往黎巴嫩作戰。我沒有告訴我太太這件事，我不想要讓她知道，她的兒子得去打仗。」

這場軍事行動後來演變成一場為期一個月的戰爭。以色列的特務顯然低估了真主黨的實力。他們的戰士不僅配有穿甲彈，還擁有可以竊聽以色列的無線通訊的設備。此外，真主黨更以喀秋莎多管火箭砲攻擊遠在四十公里外的以色列北部，諸如阿克里、海法、提比里亞等城市都在火箭的攻擊範圍裡。

一直到戰爭結束前，共計有大約三千八百枚火箭落在以色列的領土，其中謝莫納城就包辦了將近四百枚。這個緊鄰黎巴嫩邊境的城市持續遭受砲擊。以色列人**卡拉‧海杜**起先想留在當地。「我從早到晚都聽到發射過來的喀秋莎火箭。我沒有外出，大家都待在家裡。民眾們都曉得，待在建築物裡或多或少會比較安全。因為這裡的每棟房子都有掩體。不過，很快的，這裡就十室九空。能夠逃跑的人全都逃了。街上看不到半個人。我只在最緊要的購物時才會出門。我曾見過不少火箭射了過來，有些擊中山上，有些擊中市區。某些民宅被打個正著，有人因而受傷。我的一位朋友的客廳就被喀秋莎火箭摧毀。不知到了何時我終於再也受不了，於是收拾一下細軟便離開了。一直到這一切停止了我才再回來。」

第二次黎巴嫩戰爭，2006 年 7 月與 8 月：一位黎巴嫩人正抱著他的小孩穿過被以色列的炸彈所摧毀的貝魯特市區……

　　事實上，真主黨早為與以色列一戰做了很久的準備。以色列政府於 2000 年 5 月便已完全從黎巴嫩南部撤離。從 2000 年 5 月一直到 2006 年 7 月發生綁架士兵案的這段期間，真主黨不斷地在擴充軍備。以色列指控伊朗將部分現代化武器提供給真主黨。此外，敘利亞也沒有阻止武器運送。

　　以色列人**蜜莉安·羅森貝爾格**（**Miriam Rosenberg**）居住在以色列北部的一個猶太集體農莊裡，這場戰爭讓她在許多夜裡都無法入睡。「我們的軍隊將重砲的陣地設在集體農莊旁邊，因此到了夜裡就會非常吵。當時我們睡得

……在位於謝莫納城的某個掩體裡，一個以色列的家庭在等待真主黨從黎巴嫩發動的火箭攻擊結束。

很少，白天除了要工作還要躲避喀秋莎火箭來襲。我在老人院工作，一星期要上六天班。那些住戶想要留下，我不能丟下他們。我的女兒連同她的丈夫和小孩都去了特拉維夫。我和我兒子以及我丈夫留了下來。我們的集體農莊有間很大的旅館。那裡沒有觀光客來過夜，有的只是來自世界各地的記者。」

在以色列北部的城市一再響起火箭攻擊的警報。在像海法這樣的城市裡，居民們可以有將近六十秒的時間躲入掩體。喀秋莎火箭從黎巴嫩南部飛到這個以色列北部的海港城市，大概需要這麼長的時間。雖然預警系統拯救了

許多人命，可是嚴重的經濟損害卻是無法避免。當時在以色列北部大約有一個月的時間是處於緊急狀態。當地的各個鄉鎮一天至少會響起五到十次警報。購物中心與餐廳幾乎都歇業，旅行團也紛紛取消行程。儘管當時正值炎炎夏日，地中海的沙灘卻空無一人。

以色列人**席莉·巴茲維**曾任職於一家廣告公司，當時有一個多月在那裡接不到半點生意。「我的朋友和我逃到了特拉維夫，那裡是另一個世界。當我在戰爭結束後返回工作崗位時，老闆只是告訴我們：『打電話給你的客戶，打包好你的東西，我們要關門大吉，回家去吧！』當時真是令人傷心。」

如果有什麼比經濟損害更嚴重的，那無非就是以色列在國際間的形象遭受重創。以色列的空中轟炸與砲擊，在黎巴嫩造成了將近三萬戶房屋損毀。由於這場大規模的軍事行動，以色列飽受國際輿論的抨擊。真主黨的策略之一顯然奏效；這個激進團體往往是從人口稠密的地區發射火箭，他們利用平民百姓來當擋箭牌。真主黨的辦公室位於人口稠密的貝魯特。在戰爭開始後，成千上萬的黎巴嫩人紛紛逃往鄰國或該國北部。

在巴勒斯坦的各個地區，有許多人對真主黨充滿好感。各地自己所屬的激進團體多半只能以蹩腳的裝備對抗以色列的軍隊。真主黨，特別是他們的領導人哈桑·納斯

魯拉（Hassan Nasrallah），讓許多巴勒斯坦人留下了深刻的印象。在拉姆安拉的許多商店裡，除了可以買到阿拉伯的明星與阿拉法特的照片，還能買到納斯魯拉的明信片。

在聯合國的斡旋下，這場戰爭的停戰協議於 2006 年 8 月生效。一支國際部隊接管了黎巴嫩的南部。然而，一直到戰爭結束後，那兩名被擄走的以色列士兵卻依然還在真主黨的手裡。

今日的以色列人與巴勒斯坦人

「我從小看著戰爭長大。我自己參加過獨立戰爭、蘇伊士運河戰爭、六日戰爭、贖罪日戰爭以及其他大大小小的許多軍事行動。我的兒子曾經打過仗。我的孫子也曾經打過仗，他現在受了傷躺在醫院。我相信，就連我孫子的孫子也要上戰場。」**亞伯拉罕‧巴蘭姆**這位以色列人道出了許多他的同胞的心聲。中東的持久和平顯然還有很長的路要走。

在二十世紀裡，不管是以色列人還是巴勒斯坦人，他們沒有一個世代是未曾經受過軍事衝突。他們雙方都深受戰爭與攻擊的心理創傷，幾乎每個以色列的家庭裡都有人曾在戰爭或巴勒斯坦激進團體的攻擊中受到傷害。在每個巴勒斯坦的家庭裡，也都有人在 1948 與 1967 年的戰爭中、在以色列的各種軍事行動裡或是在占領區每天的管制下受害。

出生於伯利恆的巴勒斯坦人**艾蜜莉‧札卡曼**用三言兩語道盡了她的家族歷史：「我的母親是在鄂圖曼帝國占領時期出世，我是在英國占領時期出世，我的小孩是在約旦占領時期出世，他們的小孩則是在以色列占領時期出世。一直以來，總是有人想要這塊土地，可是卻沒有人想要『我

們』。這難道不是個悲劇嗎？」

國際特赦組織（Amnesty International）這個人權組織在一份報告裡細數了每年雙方在衝突中的受害者。有多少平民百姓死於巴勒斯坦團體在以色列發動的攻擊？在巴勒斯坦這邊，以色列軍事行動的受害者，其數量又有多少？居住在約旦河西岸地區的以色列殖民者是否與生活在當地的巴勒斯坦人發生爭端？在受害者當中，有多少是以色列與巴勒斯坦的兒童？

武器與武裝可說是雙方日常生活的街景。在駛往特拉維夫、耶路撒冷或海法的公車與火車上，經常可以見到身穿橄欖綠制服的以色列年輕士兵，他們的肩上總是揹著美製的 M16 步槍。軍車始終穿梭在耶路撒冷與巴勒斯坦地區的街頭上。在巴勒斯坦地區的許多城市裡，例如納布盧斯、加薩市或拉姆安拉等，經常可見哈瑪斯與法塔赫的追隨者在示威抗議。在這當中，不少蒙著面並手持蘇聯製卡拉希尼科夫攻擊步槍的活躍分子會對空鳴槍。哈瑪斯的自殺式攻擊或卡桑火箭攻擊奪走了一方許多人命，以色列的空中攻擊或特種部隊的行動同樣奪走了另一方許多人命。

永遠相同的景象昭示了這種日常的緊急狀態。我們總是一再在晚間新聞中看到這樣的畫面。許多巴勒斯坦人與以色列人都學會了逆來順受。以色列人**齊賈克・菲勒**表示：「在每一場戰爭裡，總是有我認識的人倒下，這些人有

的是和我一起上學，有的是和我一起服役，有的則是和我一起工作。有位父親在戰爭中失去了他的兒子。我該說些什麼呢？說我很遺憾嗎？言語在這樣的情況中表達不了多少哀傷之意。在這方面我很笨拙，我少說遇過十幾次這樣的難題。曾幾何時，我見到我女兒是怎麼做的。她曾在一場恐怖攻擊中失去了一位朋友。從那之後，我就學她。如今，當遇到這樣的情況時，我便一言不發，就只是給死者的家屬一個擁抱。」

服務於加薩市某家醫院的巴勒斯坦醫生**愛絲瑪．摩卡利（Asma Moghari）**，每天都會見到因為種種衝突帶來的後果。她的部分傷患是在哈瑪斯與法塔赫的互鬥中受傷，比較嚴重的傷患則是那些以色列軍事行動的受害者。這位女醫師解釋道：「部分傷患是被其他的巴勒斯坦人所傷，他們受的是槍傷。這些傷患通常並不難治。以色列的砲擊或空中攻擊所帶來的爆炸，後果則嚴重多了。在這種情況下，傷患往往會喪失肢體並且陷於十分危急的狀態裡。在我第一次幫別人動手術之後，我甚至曾經想過我再也不做這種工作了。我們用救護車將嚴重受傷的傷患帶到以色列的檢查站。接下來，在他們被抬上以色列的救護車並送往以色列的某家醫院前，往往要耽擱許多時間。」加薩走廊的醫療設備不足以應付那些嚴重的攻擊。

以色列人在畢業後便直接入伍。女性要服役兩年，男

性則要服役三年。在退伍之後，他們每年還要接受教召。此外，他們隨時都可能會因為局勢動盪而收到徵召令。以色列人**齊賈克‧菲勒**有兩個女兒和一個女婿。「我女兒的丈夫曾經前往黎巴嫩作戰。他們有三名子女。有一度，他曾經長達兩周的時間音訊全無。當時每天都有關於新的死傷者的新聞。那是我這輩子第一次感覺到，這個國家裡的父親有多麼難為。這當中有許多因素，其中包含了複雜的軍事形勢。世上沒有哪個地方的父母像我們一樣必須經受那麼多事。」

巴勒斯坦人**瑪哈‧紹曼**（**Maha Schouman**）在 2003 年 1 月失去了她的兒子。他在戒嚴期間跑到了納布盧斯舊城的街上。「這裡的母親難為。許多母親都和我一樣，她們總是害怕會失去自己的孩子。我無法對這樣的恐懼習以為常。我老是告訴路伊，要他不要外出。可是鄰居們都會外出。他總是夢想著要擁有一份好工作、一部汽車與一棟漂亮的房子。正如每個人。我們住的地方對他來說太小了，他一直希望我們能搬走。可是我們又能搬到哪去？我們別無選擇。這裡是我們的家，我們沒有其他的住處。難道我們要去住帳篷？他看起來並不像戰士或是會去丟石頭的人。當時我的鄰居說，他的腿受了傷。可是我卻能感覺得到他已經死了。子彈穿過了他的心臟，他當場就死亡了。」

直到今日，雙方的政府對於一些關鍵性問題依然無法

取得共識：以色列與巴勒斯坦地區的邊界該如何劃定？該如何處理居住在約旦河西岸地區以及東耶路撒冷當中與四周的猶太殖民者？巴勒斯坦難民有什麼樣可能的未來？對於上述這些問題，聯合國其實都曾做出相關的決議，只不過迄今依然得不到重視就是了。任何解決這些棘手議題的試圖，總是會引來雙方激進的和平反對者猛烈抨擊。

在未來的幾年裡，以色列人與巴勒斯坦人將會越來越忙於處理與人口有關的問題。兩邊的人口數量已經開始有了很大的變化。目前在以色列有越來越多非猶太裔的以色列人出生。在這樣的趨勢下，阿拉伯裔的以色列人所占的比例也日益增加，這些人往往自稱為以色列的巴勒斯坦公民。這樣的情況可能會帶來影響深遠的政治後果。例如，在以色列的阿拉伯多數或許會徹底改變以色列的政黨版圖，因為阿拉伯裔的以色列人同樣具有投票權。此外，這個由猶太人所建立的國家將再也不以猶太人為多數了。

雖然迄今猶太裔的移民者平衡了出生率，同時卻也帶來了其他的問題。為了要讓多半來自俄國與衣索比亞的猶太裔移民融入以色列，以色列政府必須付出大量的經費。別的不說，光是從俄文報紙的流行以及某些幾乎只說俄文的城區看來，以色列的融合工作顯然有待加強。從 1989 年起一直到 2000 年第二次巴勒斯坦大起義這段期間，有將近百萬名前蘇聯的公民移民到以色列。因此，每七名以色列

人口問題

人當中，就有一名是來自俄國的新住民。

1982 年出生於聖彼德堡的**奧爾嘉・里辛（Olga Rissin）**在 1999 年時移民到了以色列。她在以色列讀了大學，如今已能說一口流利的希伯來語。「起初我並不想移民，我只想來認識認識這個國家。原先我只打算在以色列南部的一個集體農莊住上一個月，沒想到一住就是半年。我喜歡這個國家與這裡的人。在一個由猶太事務局所舉辦的計畫裡，我不僅學了希伯來語，還認識到了許多與猶太人的傳統以及這個國家的歷史有關的事。後來有位移民部的員工向我介紹，他告訴我：『對於那些一直夢想住在以色列的人，這可是一個大好機會。』國家甚至替我支付了大學前三年的學費。後來我才知道，我在這裡不能隨意結婚。我父親是猶太人，我母親不是，因此我不算是猶太人。不僅如此，我父親也沒有宗教信仰，因為在共產主義的俄國信教並不容易，在共產主義下，任何宗教都是禁忌。儘管到了 90 年代情況已有所改變，可是那裡並沒有什麼人想要信教，大家所想的，無非只是生存。當時的經濟形勢對我們所有的人來說極為嚴峻。」

在巴勒斯坦這邊，人口增長並非出於移民的因素，而是由於高出生率。在巴勒斯坦地區，每個家庭平均擁有五名子女，相對的以色列每個家庭平均只有三名子女。在約旦河西岸與加薩走廊情況相當嚴峻，因為惡劣的經濟形勢

難以支撐人口持續增長，這會讓社會上的弱勢家庭更為貧窮。諸如爆滿的班級、居高不下的失業率、日益擴大的挫折與不滿等等，都是這種情況下必然的後果。如此一來進一步提供了滋養巴勒斯坦激進團體的溫床。此外，在巴勒斯坦的社會裡有超過五成的人現年不超過十五歲，這些人還得先面對諸如培訓、學習或就業等各種問題。

另一方面，某部分人口的外移也讓以色列與巴勒斯坦的政府大傷腦筋。這主要是涉及到那些受了良好教育的年輕族群。大量以色列與巴勒斯坦的畢業生都爭相前往海外謀取更好的收入與穩定的未來。以色列的年輕人多半前往美國或歐洲尋夢，巴勒斯坦的年輕人則多了波斯灣國家這個選擇。

在 2009 年時，大約有四百多萬的巴勒斯坦人分別居住在約旦河西岸、加薩走廊與東耶路撒冷，在以色列則有大約六百多萬的猶太人與將近五十萬的阿拉伯裔以色列人。教師莎柏琳・瑪沙維（Sabrin Masarwi）便是阿拉伯裔以色列人這個族群的一員。她在學校裡教的是阿拉伯文與數學，她所任教的學校擁有一位阿拉伯與一位以色列的校長；這在以色列其實並不常見。「我的班上有一半是猶太人，一半是阿拉伯人。學生們會學到別的文化與宗教。他們生活在一起，必須去了解彼此的歷史，相互傾聽，相互尊重。一開始，這對每個人都很難。然而，過了一年之

後，他們彼此已經建立起友誼。如今他們都會到對方的家裡去玩。我自己是個阿拉伯人，可是我愛我的猶太學生。我一點也不想去想，他們在畢業後必須入伍。」

在中東地區，光是區別猶太人與阿拉伯人是不夠的。無論是以色列的社會還是巴勒斯坦地區的社會，實際的情況要來得複雜許多。嚴守教義的猶太人與在這個國家裡占多數的沒有宗教信仰的猶太人往往意見分歧。許多猶太人其實會在安息日裡開車或食用那些所謂「不純淨的」食物。至於在巴勒斯坦這邊，其實也不是每位穆斯林都會每天祈禱五次。此外，部分伊斯蘭婦女並沒有佩戴頭巾。

再者，並非每個阿拉伯人都是穆斯林。一百個巴勒斯坦人當中有兩個是信奉基督教，況且，這並不代表這些人都是十分虔誠的信徒。然而在以色列，這三個宗教各自的多數信徒還是會遵守自己的宗教最重要的節日。在贖罪日，猶太教堂裡會擠滿人，在齋戒月，清真寺裡會擠滿人，到了聖誕夜則是輪到基督教堂裡擠滿人。

現今以色列人與巴勒斯坦人居住總面積將近兩萬八千平方公里。其中的兩萬一千平方公里落在具有廣闊的內蓋夫沙漠的以色列這邊，另外的六千三百平方公里則落在巴勒斯坦地區。準此，以色列這個國家其實並不比德國的黑森邦（Hessen）來得大，也就是說，大約只有瑞士的一半大。而巴勒斯坦地區的面積又不及以色列的三分之一。

「這是我們的家」——代跋

迄今為止，沒有一場與中東有關的會議帶給人類持久的和平。以色列與巴勒斯坦的許多組織往往會在國際的協助下尋求脫離這個暴力螺旋的出路。這當中有部分是由以色列與巴勒斯坦的年輕人共同推動，藉此，他們可以商討自己的命運，儘管是在遠離各種日常生活影響於外國所舉辦的和平營。

透過這樣的方式，現年十六歲的巴勒斯坦人**阿由布·圖屯吉**（**Aiyub Tutundschi**）認識了與他同齡的以色列人艾拉德·夏沙（Elad Schachar）。「我第一次見到艾拉德是在耶路撒冷的一場籌備會裡。當時大約有二十個人共聚一堂。他遲到，而且是與會者當中唯一一位頭戴基帕*的人。對於和平營裡出現這樣一位人物，我真是既訝異又好奇。我以前從未與以色列人交談過，那時候我根本不會去想這種事，我覺得那只是在浪費時間。」

相對的，**艾拉德·夏沙**早就有過與對方接觸的經驗。「我以前就和巴勒斯坦人交談過。那並不是一場普通的對話。我其實不曉得阿由布是巴勒斯坦人。如果有人拿一張畫面裡有兩個人的照片問我，這裡頭誰是巴勒斯坦人、誰是以色列人？我根本就答不出來，因為完全沒有什麼可資

*Kippah：猶太男性頭上配戴的飾物。

211

區別的特徵。直到他告訴我他叫什麼名字，我才立刻明白他是巴勒斯坦人。猶太人不會取這樣的名字（阿由布是約伯這個名字的阿拉伯語，對於信仰猶太教的猶太人而言，他是位在《舊約聖經》中頗具爭議的人物）。」

他們兩人的初次對話是發生在大西洋的另一端，是在紐約的一個和平營裡。**阿由布**回憶道：「在和平營裡，我們必須共用一個房間與一個上下鋪。我睡上鋪，他睡下鋪。我是在那個房間裡第一次與艾拉德交談，我們就是這樣開始相互認識。」

艾拉德還記得，自己第一次與阿由布交談時都說了些什麼。「我們什麼都聊，就是不談政治。我們聊了音樂、電影還有營裡的女孩。起初我覺得，與一名巴勒斯坦人共處一室，此舉頗為瘋狂。在營裡有將近六十位來自世界各地的參與者。這是一個關於衝突的營，例如在北愛爾蘭、南非與我們那裡所發生的衝突。每回他們會找兩名自願者，這些自願者必須在眾人面前開講。當時大家都催促阿由布和我上台，他們想要聽聽看我們怎麼說。我們在報告時起了一點口角。事實上，我們只需要上台做做報告，可是我們卻都不禁打斷對方的發言，甚至開始大小聲。」

阿由布不太願意回想當時那場混亂。「當時我們真的糟透了！後來在營裡他們才教我們，應該如何傾聽與討論。」加薩走廊的局勢對阿由布而言是個重要的主題。「以色列人

說，他們自願讓出屯墾區並且將這個地區奉還給巴勒斯坦人。可是，在我看來，以色列人之所以離開加薩走廊，其實是因為他們再也控制不了局勢。我們在很多事情上意見分歧。」

以色列人**艾拉德**也有類似的看法。「討論衝突是件幾乎不可能的事。對於阿由布而言是事實的事，對我來說卻不是，有時甚至是完全相反。巴勒斯坦人說，我們是從加薩走廊落荒而逃，但我們卻是從另一個完全不同的角度來看這件事。這個營讓我有機會以對方的觀點看事情，讓我有機會與那些從前我視之為敵的人一起生活。阿由布並不討厭我。他接受我的存在。可是那些生活在離我所住的城市只有數百公尺遠的地方的巴勒斯坦人卻不這麼做。他們不願正視我。每個星期五在禱告之後，他們便向我們丟石頭。有一回，他們甚至還在我們鄰居家門口放炸彈，結果讓他失去了一隻手。如今我們架起了柵欄，把自己和巴勒斯坦人的村子隔開。」

阿由布曾將自己與以色列人接觸的經驗透露給艾拉德。「有一回，我想去耶路撒冷舊城觀賞籃球比賽。在新門旁站著兩個警察。由於當時正值周五祈禱的時間，因此他們不讓巴勒斯坦的年輕人進入。於是我和其中一位女警吵了起來。我大吼大叫，她也對我大吼大叫。接著她想用警棍將我推開，我則試圖搶奪她的警棍。後來我被帶到了警

察局。我當時嚇得要死。他們什麼也沒問我，只是要我乖乖地等著。大約過了五個鐘頭之後，他們就放我回家。」

在參加過和平營之後，**艾拉德**有了很大的改變。「過去我總以為，根本沒有和平的機會。當時我認為，我們需要藩籬與圍牆來保護自己。然而，像阿由布這樣的人其實並不少，只可惜他們並不在巴勒斯坦的政府裡。同樣的情況也出現在我和我們的政府身上。許多人都太驕傲、太死腦筋。像阿由布和我這樣的人必須多加把勁。這點同樣適用於我們自己家裡，我必須讓我的兄弟姊妹們知道，想法並非只有一種。只因某個與阿由布有相同宗教信仰的人殺害了我所認識的某人，我便去憎恨阿由布，這實在是很愚蠢的行為。」

阿由布也得出類似的結論。「兩邊其實都有些壞人。雖然艾拉德與我對於事實的認知不盡相同，可是我們可以互相溝通。既然我們都能夠和睦地共處一室，一起和平地生活在同一片土地上，應該也不是什麼不可能的事。這片土地對我來說叫巴勒斯坦，對艾拉德來說則叫以色列。如果兩個民族彼此可以互相承認並且全都擁有相同的權利，關於名稱的事我們可以以後再去吵。雖然我們雙方爭鬥了超過六十年，迄今卻依然一事無成。為了要擁有自己的國家，雙方浪費了許多時間。為何不把這些時間花在和平上呢？」

猶太人會在以色列舊城裡的哭牆前祈禱，穆斯林則會到有金頂的圓頂清真寺朝聖。這兩個地方相隔僅有數百公尺遠。

艾拉德同樣也拒斥那些激進的言論。「有些以色列人會說，巴勒斯坦人應該滾回那些阿拉伯國家。然而，這就好像在說，我們猶太人也應該打哪裡來就滾回哪裡去。我是在這塊土地上土生土長的，我沒有其他可以回去的地方。阿由布也和我一樣。我們就住在這裡，這裡是我們的家，我們必須找出一個解答。」

大事表

約於西元前 9000 年：或許是世界上第一座有人居住的古城
　　出現於耶利哥。

西元前 3000 年：早期在這個區域裡的一些城市組成了一些
　　小型的國家，它們的居民是屬於閃米特族（西亞及北非
　　的民族在語言、文化上的一個分支）

西元前 1300 年：以色列人與腓力斯人（一支航海民族）在
　　此定居。

西元前 1230 至 721 年：以色列人建立了王國，北王國為以
　　色列，南王國為猶大。

西元前 721 年：亞述人占領了北王國。

西元前 586 年：巴比倫人占領了南王國並摧毀了位於耶路
　　撒冷的第一聖殿。上層人士則遭到了驅逐。

西元前 539 年：被驅逐的猶太人得以返回，而猶大則成為
　　波斯帝國的一部分。修築第二聖殿。

西元前 332 年：亞歷山大大帝征服了這個地區。

西元前 200 年：亞歷山大逝世後，塞琉古與托勒密爭奪這
　　片聖地的統治權。

西元前 167 年：馬加比家族（Maccabees）發起民族宗教運
　　動，領導猶太人對抗塞琉古王朝。

西元前 63 年：羅馬人掌控此地。猶太人後續的對抗徒勞無功，他們不僅被征服，許多人還淪為奴隸。猶太人大舉「流散」於地中海地區。

西元 66 至 70 年：猶太人大規模起義反抗羅馬征服者，史稱「猶太戰爭」。

西元 70 年：羅馬人毀壞第二聖殿與聖殿所在地耶路撒冷城。

西元 132 至 135 年：西蒙‧巴爾‧科赫巴（Simon bar Kokhba）發起第二次對抗羅馬人的起義。

西元 135 年：羅馬人將原本的猶太行省更名為巴勒斯坦，此一名稱早已見於希臘文裡。

西元 313 年：在羅馬帝國皇帝君士坦丁的統治下，基督徒可以毫無障礙地傳教。

西元 638 年：哈里發奧馬爾‧伊本‧哈塔卜（Umar ibn Al-Khattab）占領巴勒斯坦。

西元 691 年：穆斯林的圓頂清真寺於耶路撒冷落成。

西元 1096 至 1099 年：在第一次十字軍東征期間，基督徒對東方的猶太人、穆斯林與當地的基督徒展開大屠殺。耶路撒冷王國建立。

西元 1187 年：蘇丹薩拉丁擊退十字軍並占領了耶路撒冷。

約於西元 1265 年：埃及的馬穆魯克（Mamluk，一個奴隸兵集團）展開對巴勒斯坦的統治。

西元 1517 至 1917 年：鄂圖曼土耳其帝國占領此區並且展開長期的統治，他們將這個行政區稱為巴勒斯坦。

西元 1882 至 1904 年：在猶太人於俄國遭受迫害後，形成了第一波遷往巴勒斯坦的移民潮。

西元 1897 年 8 月：西奧多‧赫茨爾在瑞士的巴塞爾組織了第一屆世界錫安主義者大會。

西元 1915 年：英國政府允諾支持阿拉伯人建立一個屬於自己的國家（《麥克馬洪協定》）。

西元 1916 至 1918 年：阿拉伯人起義對抗鄂圖曼土耳其帝國。

西元 1917 年 11 月：英國政府允諾協助猶太人在巴勒斯坦地區建立一個「民族之家」（《貝爾福宣言》）。

西元 1920 年：英國取得對巴勒斯坦的託管。

西元 1920 至 1921 年：發生一連串反巴勒斯坦猶太居民的暴動。

西元 1929 年 8 月 23 日：居住在希伯侖的猶太居民遭受攻擊。

西元 1930 至 1935 年：由伊宰‧丁‧卡桑所領導的巴勒斯坦地下反抗運動，對猶太人的聚居地與英國士兵發動攻擊。

西元 1933 年：納粹黨在德國取得政權。德國展開了對猶太人的歧視與迫害，引發猶太人開始大舉逃出歐洲。

西元 1937 年 7 月：所謂的皮爾委員會提出了劃分方案。

西元 1936 至 1939 年：阿拉伯人在巴勒斯坦抗爭。

西元 1939 年 3 月：聖詹姆士宮會議以失敗告終。

西元 1939 年 5 月 17 日：英國的白皮書建議，建立一個由
居住在巴勒斯坦的各個族群共同組成的國家。

西元 1931 至 1949 年：猶太地下組織伊爾貢與列希的成員
對巴勒斯坦人與英國人發動攻擊。

西元 1939 至 1945 年：第二次世界大戰與猶太人大屠殺。
大約有六百萬名猶太人慘遭殺害。

西元 1946 年 7 月 22 日：伊爾貢在英軍的巴勒斯坦總部所
在地大衛王酒店發動了一場炸彈攻擊。

西元 1947 年 11 月 29 日：聯合國大會同意分治巴勒斯坦。
巴勒斯坦人拒絕接受聯合國的分治決議；巴勒斯坦地區
爆發內戰。

西元 1948 年 4 月 9 日：猶太地下組織的成員在代爾亞辛村
發動了一場大屠殺。

西元 1948 年 4 月 13 日：巴勒斯坦的戰士襲擊了一個準備
前往耶路撒冷哈達薩醫院的車隊，並且將車隊裡所有的
人殺害。

西元 1948 年 5 月 14 日：以色列建國，以色列地工人黨的
戴維·本—古里安出任首位總理。

西元 1948 年 5 月 15 日至 1949 年 7 月：在數個阿拉伯國家

聯合發動攻擊後，原本的內戰發展成第一次中東戰爭。

西元 1948 年 12 月 11 日：聯合國要求賦予巴勒斯坦的難民
　　回歸或請求賠償的權利。

自西元 1949 年起：埃及的突擊隊大肆活動。

西元 1956 年 10 月 29 日至 11 月 6 日：蘇伊士運河危機。

西元 1958 年：法塔赫（巴勒斯坦民族解放運動）成立。

西元 1964 年：巴勒斯坦解放組織成立。

西元 1967 年 6 月 5 日至 10 日：六日戰爭。

西元 1967 年 9 月 1 日：阿拉伯國家於蘇丹首都通過了《喀
　　土木決議》。該決議包含了「三不」：不與以色列和平共
　　處、不承認以色列、不與以色列談判。

西元 1968 年至 1970 年：埃以消耗戰爭。埃及試圖奪回在
　　六日戰爭中被以色列占領的西奈半島。

西元 1970 年：約旦發生「黑色九月」事件。

自西元 1972 年起：巴勒斯坦的激進團體不僅日益增加對平
　　民百姓的攻擊，更一再劫機。1972 年 9 月 5 日，以色列
　　的數名奧運選手在慕尼黑慘遭脅持與殺害，將這波恐怖
　　攻擊的浪潮推向高峰。

西元 1973 年 10 月 6 日至 26 日：戰爭爆發，以色列人稱之
　　為贖罪日戰爭，阿拉伯人稱之為齋月戰爭。

西元 1977 年 5 月：以色列聯合黨的梅納赫姆・貝京（他於
　　1973 年因政黨合併而成為聯合黨員）獲選為以色列總

理。

西元 1977 年 11 月：埃及總統穆罕默德・艾爾・沙達特前
　　往耶路撒冷訪問。

西元 1978 年 3 月：利塔尼行動（Operation Litani）；為遏
　　制在黎巴嫩南部活動的巴勒斯坦攻擊者，以色列部隊兵
　　進黎巴嫩境內同名的河流。

西元 1978 年 9 月 17 日：簽訂《大衛營協定》。

西元 1979 年 3 月 26 日：在阿拉伯國家當中，埃及首先與
　　以色列簽訂和平條約。

西元 1981 年 10 月 6 日：埃及總統沙達特遭到伊斯蘭聖戰
　　運動的成員刺殺身亡。

西元 1982 年 4 月 25 日：以色列完全撤出西奈半島。

西元 1982 年 6 月 6 日：第一次黎巴嫩戰爭爆發；直到第二
　　次黎巴嫩戰爭爆發前，在黎巴嫩南部仍斷斷續續有各種
　　衝突發生。

西元 1987 年 12 月 8 日：第一次巴勒斯坦大起義爆發。

西元 1987 年：哈瑪斯成立。

西元 1988 年 11 月 15 日：巴勒斯坦解放組織宣布成立巴勒
　　斯坦國。

西元 1989 年：掀起大規模從俄國移民到以色列的風潮。

西元 1991 年 10 月 30 日：馬德里和平會議揭開了往後無數
　　和談的序幕。

西元 **1992** 年 **6** 月：隸屬於工黨的伊札克・拉賓接任以色列總理（他曾於 1974 至 1977 年擔任過這項職位）。

西元 **1993** 年 **4** 月：哈瑪斯展開自殺式攻擊。

西元 **1993** 年 **9** 月 **13** 日：以、巴雙方在華府簽訂《奧斯陸和平協議》（一般稱為《奧斯陸一號》）。

西元 **1994** 年 **2** 月 **25** 日：一名猶太殖民者闖入位於希伯侖的易卜拉欣清真寺展開大屠殺。

西元 **1994** 年 **5** 月 **4** 日：簽訂《加薩—耶利哥協議》（Gaza-Jericho Agreement），首次將加薩走廊與耶利哥歸給巴勒斯坦人管轄，然而，猶太殖民者依然滯留於加薩走廊。

西元 **1994** 年 **12** 月：伊札克・拉賓、亞西爾・阿拉法特與西蒙・裴瑞斯共同獲頒諾貝爾和平獎。

西元 **1995** 年 **9** 月 **28** 日：在華府簽訂與約旦河西岸地區的自治有關的協議（一般稱之為《奧斯陸二號》）。根據對以色列的獨立程度，約旦河西岸地區被分成 A、B、C 三個區域。

西元 **1995** 年 **11** 月 **4** 日：一位極右派的以色列人刺殺伊札克・拉賓。

西元 **1996** 年 **1** 月 **20** 日：亞西爾・阿拉法特所領導的法塔赫贏得巴勒斯坦地區的首次大選。

西元 **1996** 年 **2** 月與 **3** 月：一連串自殺式攻擊事件震驚以色列。

西元 1996 年 5 月 29 日：隸屬於聯合黨的班傑明·納坦雅胡成為以色列總理。

西元 1998 年 10 月 23 日：簽訂《懷伊河協定》（Wye River Memorandum，根據會議地點美國馬里蘭州的懷伊河命名），其中包含了進一步擴大巴勒斯坦的自治。

西元 1999 年 5 月 17 日：隸屬於工黨的埃胡德·巴拉克成為以色列總理。

西元 2000 年 5 月 24 日：以色列的部隊從黎巴嫩南部撤軍。

西元 2000 年 7 月 25 日：以巴雙方在大衛營和談裡無法達成共識。

西元 2000 年 9 月 28 日：由於艾里爾·夏隆參訪聖殿山，引爆了第二次巴勒斯坦大起義。在接下來的幾年裡，巴勒斯坦人一連串的自殺式攻擊與以色列人種種的軍事行動，造成了雙方無數的傷亡。

西元 2001 年 2 月 6 日：隸屬於聯合黨的艾里爾·夏隆成為以色列總理。

西元 2002 年 2 月 24 日：沙烏地阿拉伯向以色列提出一項與阿拉伯國家可能的和議。條件是：以色列的邊界必須回復到六日戰爭前的狀態。這項提議最後以失敗告終。

西元 2002 年 3 月與 4 月：在歷經多起自殺式攻擊事件後，以色列軍方展開了防護盾行動，大舉搜捕巴勒斯坦人。在伯利恆，許多巴勒斯坦人在聖誕教堂裡築起防禦工

事，以色列軍隊則實施戒嚴。

西元 2003 年 4 月：中東和平四方集團（由俄國、美國、歐盟與聯合國所組成）發表路線圖計畫。

西元 2003 年 4 月 29 日：巴勒斯坦議會推舉法塔赫的馬哈茂德・阿巴斯為總理。亞西爾・阿拉法特仍為巴勒斯坦自治政府主席。

西元 2003 年 7 月 8 日：以色列開始修築一道巨型的圍籬。

西元 2003 年 10 月 5 日：阿巴斯退位，阿拉法特任命法塔赫的阿赫麥德・庫賴（Ahmed Qurai）繼任總理。

西元 2003 年 12 月 1 日：以色列與巴勒斯坦的多位知名人士共同提出一份自己的和平計畫，一般稱之為《日內瓦倡議》（Geneva Initiative）。

西元 2004 年 11 月 11 日：巴勒斯坦自治政府主席亞西爾・阿拉法特逝世。

西元 2005 年 1 月 9 日：馬哈茂德・阿巴斯獲選為新任巴勒斯坦自治政府主席。

西元 2005 年 8 至 9 月：以色列軍隊讓出所有位於加薩走廊的猶太屯墾區，但仍繼續控制加薩走廊的外圍。

西元 2006 年 1 月 25 日：哈瑪斯在巴勒斯坦地區的議會大選中勝利。哈瑪斯的政治人物伊斯梅爾・哈尼亞成為新任總理。馬哈茂德・阿巴斯仍為巴勒斯坦自治政府主席。

西元 2006 年 4 月 11 日：隸屬於前進黨的埃胡德・歐麥特成為新任以色列總理。早自夏隆於 2006 年 1 月 4 日中風起，他便接手掌理政府。

西元 2006 年 6 月 25 日：在以色列再度遭到卡桑火箭的攻擊並且有一名士兵被綁架後，以色列的部隊再次進軍加薩走廊。

西元 2006 年 7 月 13 日至 8 月 14 日：第二次黎巴嫩戰爭爆發，起因是 2006 年 7 月 12 日有兩名以色列士兵被擄。

西元 2006 年底與 2007 年初：哈瑪斯與法塔赫之間首次在約旦河西岸地區以及特別是在加薩走廊爆發激烈衝突，導致陷入了幾近於內戰的狀態。

西元 2007 年 6 月與 7 月：巴勒斯坦內部的衝突越演越烈。自治政府主席馬哈茂德・阿巴斯在約旦河西岸地區設置了一個沒有哈瑪斯參與的緊急政府，加薩走廊則繼續在哈瑪斯的掌控之下。阿巴斯新任命的總理為薩拉姆・法耶茲（Salam Fayyad），不過他只在約旦河西岸地區獲得承認。另一方面，以色列政府也因第二次黎巴嫩戰爭而陷入衝突。埃胡德・巴拉克成為新的國防部長，西蒙・裴瑞茲則成為新的以色列總統（他的前任摩西・卡察夫〔Moshe Katzav〕陷入了多宗醜聞）。

西元 2007 年 11 月：在美國的安納波利斯所召開的一場中東和平會議，為一連串新的和平談判揭開序幕。

西元 2008 年 1 月：巴勒斯坦人炸毀部分與埃及交界的圍籬。上千的巴勒斯坦人湧入埃及購買民生必需品與燃料。在那之前，以色列由於持續遭受火箭攻擊而封鎖了加薩走廊。

西元 2008 年 12 月與 2009 年 1 月：以色列政府以來自巴勒斯坦方面的火箭攻擊和靠近埃及邊境的走私管道為由，下令對加薩走廊進行轟炸，並且派出地面部隊。根據媒體報導，約有一千三百名巴勒斯坦人死亡，其中多數為平民百姓。在這場衝突裡，以色列方面有十三人死亡。以色列的舉動引來了全球的撻伐。

西元 2008 年 12 月與 2009 年 1 月：班傑明‧納坦雅胡在以色列的大選中獲選為新任以色列總理。他曾於 1996 至 1999 年擔任過這項職位。在首度擔任總理期間，納坦雅胡在政治與人格上曾飽受批評。隸屬於極端民族主義的以色列我們的家園黨的阿維格多‧利伯曼被任命為新任外交部長。

西元 2009 年 5 月：聯合國抗議：以色列政府將拆除大量位於東耶路撒冷的巴勒斯坦民宅，此舉將導致成千上萬的巴勒斯坦人無家可歸。對此，以色列政府解釋：這些民宅未曾取得以色列的建築許可。

地圖

1947 年聯合國分治計畫

1948/49 年第一次中東戰爭後的形勢

六日戰爭後的形勢

約旦河西岸地區連同以色列屯墾區與圍籬路線
（2006 年底的狀態）

巴勒斯坦地區與其中東的鄰國

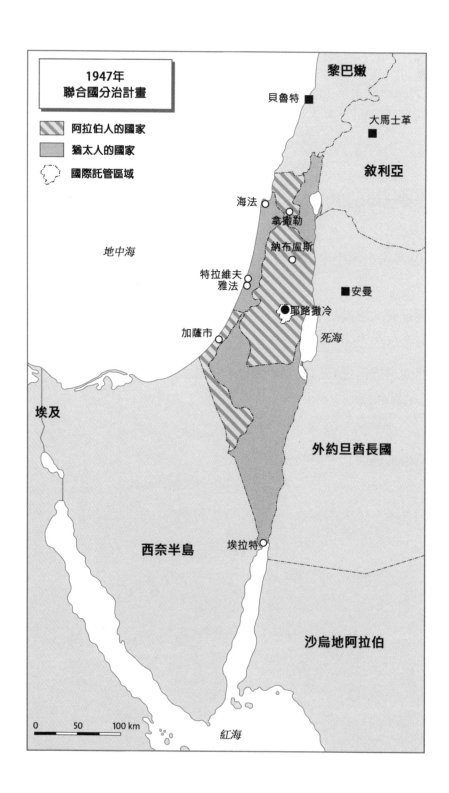

**1947年
聯合國分治計畫**

阿拉伯人的國家

猶太人的國家

國際託管區域

黎巴嫩

貝魯特

大馬士革

敘利亞

海法

拿撒勒

納布盧斯

地中海

特拉維夫
雅法

安曼

耶路撒冷

加薩市

死海

外約旦酋長國

西奈半島

埃拉特

埃及

沙烏地阿拉伯

0   50   100 km

紅海

1948/49年第一次中東戰爭後
以色列與巴勒斯坦地區的形勢

黎巴嫩

貝魯特

大馬士革

敘利亞

海法

拿撒勒

納布盧斯

約旦河西岸
遭約旦併吞

安曼

特拉維夫
雅法

耶路撒冷

地中海

加薩市

加薩走廊
由埃及管領

死海

以色列

埃及

約旦

西奈半島

埃拉特

沙烏地阿拉伯

0   50   100 km

紅海

231

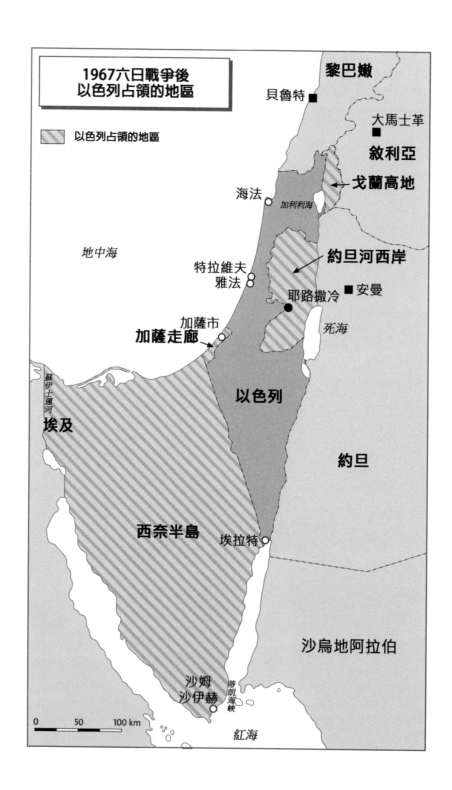

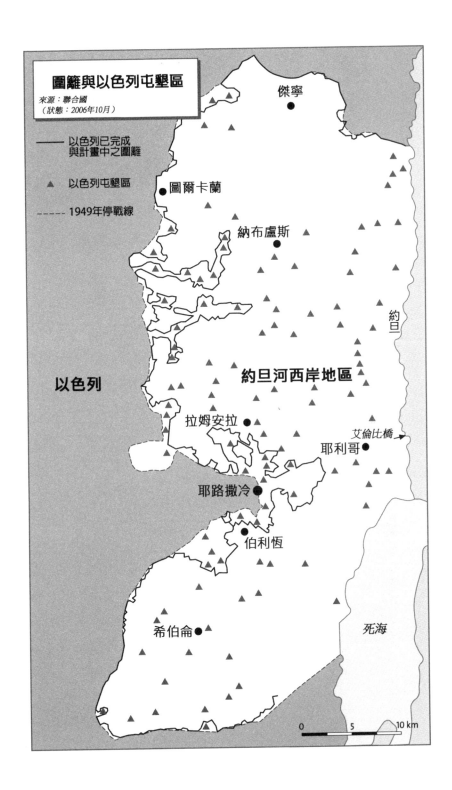

圍籬與以色列屯墾區

來源：聯合國
（狀態：2006年10月）

—— 以色列已完成
與計畫中之圍籬

▲ 以色列屯墾區

----- 1949年停戰線

以色列

約旦河西岸地區

傑寧

圖爾卡蘭

納布盧斯

拉姆安拉

耶利哥

艾倫比橋

耶路撒冷

伯利恆

希伯侖

約旦

死海

0   5   10 km

233

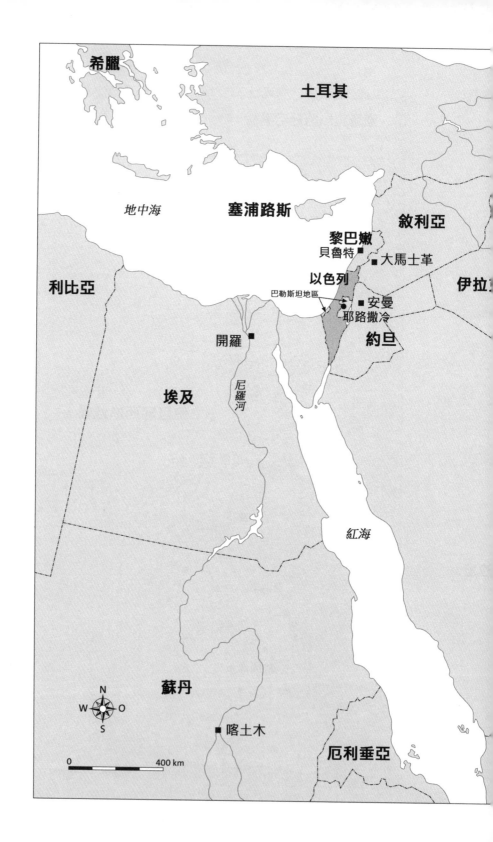

希臘

土耳其

地中海　　塞浦路斯

敘利亞

黎巴嫩
貝魯特■　　■大馬士革

利比亞

以色列
巴勒斯坦地區　　■安曼
耶路撒冷

伊拉

約旦

開羅■

尼羅河

埃及

紅海

蘇丹

N
W　O
S

喀土木■

厄利垂亞

0　　　　400 km

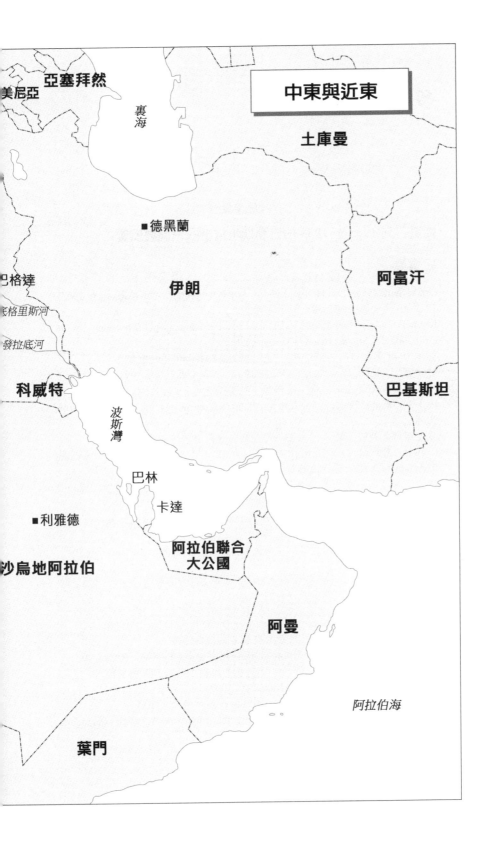

中東與近東

亞塞拜然

美尼亞

裏海

土庫曼

■德黑蘭

巴格達

伊朗

阿富汗

底格里斯河

發拉底河

科威特

巴基斯坦

波斯灣

巴林

卡達

■利雅德

阿拉伯聯合
大公國

沙烏地阿拉伯

阿曼

阿拉伯海

葉門

多媒體參考資料

從遠古到 1936 至 1939 的巴勒斯坦抗爭——簡要概覽

紀實類

Gradenwitz, Peter: Das Heilige Land in Augenzeugenberichten (München, 1984)
10 至 19 世紀旅人的記述——多采多姿且附有評註的文集

Kramer, Gudrun: Geschichte Palästinas. Von der osmanischen Eroberung bis zur Gründung des Staates Israel (München, 2002)
描述 1948 年之前的相關事件，是一部篇幅多達 440 頁的鉅著。

Mejcher, Helmut: Die Palästina-Frage 1917–1948 (Paderborn, 1993)
附有許多頗有助益的註釋，是部相當扎實的著作。

Polkehn, Klaus: Damals im Heiligen Land. Reisen in das alte Palästina (Berlin, 2005)
這是部遊記精選，除了做有妥善的分類，還附有許多珍貴的插圖。

Roberts, David: Das Heilige Land gestern und heute. Lithographien und Reisetagebuch (Erlangen, 1997)
這位英國畫家的傳奇性畫作展現了諸如雅法、納布盧斯與耶路撒冷等城市在 1830 年代時的風貌。

Segev, Tom: Es war einmal ein Palästina. Juden und Araber vor der Staatsgründung Israels (München, 2009)
這位知名的歷史學家回顧了那段英國託管時期的歷史。

小說

Agnon, Samuel Joseph: Gestern. Vorgestern (Frankfurt am Main, 1969)
諾貝爾文學獎得主講述了某位猶太移民者的悲慘故事。

Dschabra, Ibrahim: Der erste Brunnen. Eine Kindheit in Palästina (Basel, 2001)
這是部自傳式的小說，內容描述了 1920 年代在伯利恆的生活情形。

Michener, James A.: Die Quelle (München, 1995)
與考古學家一同前往聖地來場發現之旅——這是部歷史小說。

Oz, Amos: Sumchi. Eine wahre Geschichte über Liebe und Abenteuer (München, 1993)
這是本以英國託管時期為背景的童書，老少咸宜。

網路媒體

http://www.zionistarchives.org.il（英）
錫安主義世界組織位於耶路撒冷的檔案室將部分文獻公布於網際網路。

猶太浩劫與逃難到巴勒斯坦

紀實類

Ben-Natan, Asher: Die Bricha. Aus dem Terror nach Eretz Israel. Ein Fluchthelfer erinnert sich (Düsseldorf, 2005)
這是部個人的見聞錄，作者日後成為以色列駐德大使。

Mallmann, Klaus-Michael; Cüppers, Martin: Halbmond und Hakenkreuz. Das "Dritte Reich" Die Araber und Palästina (Darmstadt, 2006)
這部著作不僅審視了耶路撒冷的伊斯蘭法典說明官所扮演的角色。

Ofer, Dalia: Escaping the Holocaust. Illegal Immigration to the Land of Israel. 1939-1944 (Oxford, 1990)
關於這個主題最佳的英文著作之一。

Schlör, Joachim: Endlich im Gelobten Land? Deutsche Juden unterwegs in eine neue Heimat (Berlin, 2003)
照片與它們的故事──一本關於移民到巴勒斯坦地區的德國人的書。

Vogel, Jutta: Die Odyssee der Kinder. Auf der Flucht aus dem Dritten Reich ins Gelobte Land (Frankfurt am Main, 2008)
作者以多位人士的回憶為題材，描述了他們充滿戲劇性的人生際遇。

Zinke, Peter: Flucht nach Palästina. Lebenswege Nürnberger Juden (Nürnberg, 2003)
多位見證者向作者闡述了他們舊時的德國故鄉與新的生活環境。

小說

Appelfeld, Aharon: Geschichte eines Lebens (Reinbek bei Hamburg, 2006)
童年的回憶──憶及大屠殺、躲躲藏藏的生涯與巴勒斯坦。

Kaniuk, Yoram: Das Glück im Exil (München, 1996)
關於適應新的家園的甘苦談。

Uris, Leon: Exodus (München, 1995)
有趣、可惜流於主觀的經典小說，內容包含了難民船。

電影

Preminger, Otto（導演）: Exodus (1960)
改編自前述里昂・尤瑞斯同名小說的好萊塢電影，優、缺點與原著小說如出一轍。

網路媒體

http://www.exodus1947.org（英）
附有短片並且可以參與的廣播節目。
http//www.spielbergfilmarchive.org（英）
或許是規模最大的猶太影音資料館，其中也包含了與遷往巴勒斯坦的猶太移民者有關的影音資料。
http://www.yadvashem.org（英）
位於耶路撒冷的大屠殺紀念館所屬的網頁，其中有一小部分是關於遷往巴勒斯坦的猶太移民者。

分割巴勒斯坦，以色列建國，以及第一次以阿戰爭

紀實類

Herzl, Theodor: Der Judenstaat. Versuch einer modernen Lösung der Judenfrage (Berlin, 2004)
西奧多・赫茨爾於 1896 年時所撰寫的文章。另外還補充了大量的注釋與相關資料。

Herzl, Theodor: Vision und Politik. Die Tagebücher Theodor Herzls (Frankfurt am Main, 1976)
西奧多・赫茨爾的個人札記選。

Katz, Samuel: Tage des Feuers. Das Geheimnis der Irgun (Königstein im Taunus, 1981)
書名有點誤導。本書的內容不只是關於猶太的祕密組織。

Milstein, Uri: History of Israel's War of Independence (Lanham, 1996-1999)
全書分為數卷，或許是關於第一次中東戰爭篇幅最多的一部著作。

Rogan, Eugene L.; Shlaim, Avi: The War for Palestine. Rewriting the History of 1948 (Cambridge, 2001)
眾多相關主題的英文著作中較新且較為人所知的著作。

Segev, Tom: Die ersten Israelis. Die Anfänge des jüdischen Staates (München, 2008)

資料豐富、內容全面、對背景多有著墨。秉持 Tom Segev 一貫的風格，在對主題進行深入討論之餘仍不忘附上大量的注釋。

小說

Avnery, Uri: In den Feldern der Philister (enthält: Die Kehrseite der Medaille; München, 2005)
兩個作品，兩個世界——一是充滿熱情的老將，一是從戰場離開而陷於沉思的軍人。

Collins, Larry; Lapierre, Dominique: O Jerusalem (München, 1981)
以從聯合國分治決議到停戰期間所發生的事件為基礎寫成的小說。

Herzl, Theodor: Altneuland (Norderstedt, 2004)
從 1902 到 1946 年，在以色列建國之前所發生的故事——西奧多‧赫茨爾描繪了一幅擁有自己的國家的美好圖像。

Olmert, Aliza: Ein Stück vom Meer (Berlin, 2009)
關於尋找與發現一個新家園的故事——這是部帶有自傳色彩、令人感動的小說。

電影

Chouraqui, Elie (Regie): O Jerusalem (2006)
將小說搬上銀幕（在本書截稿之前，尚未能夠得知有關德文版的細節）。

Shavelson, Melville (Regie): Der Schatten des Giganten (1966)
好萊塢版的第一次中東戰爭，寇克‧道格拉斯在片中飾演協助作戰的美國軍官大衛‧馬可斯。

網路媒體

http://www.isracast.com/territories.asp（英）
聯合國 1947 年之決議的錄音，其中還包含了以色列人的反應。

迄今懸而未決的巴勒斯坦難民問題

紀實類

Dabdoub, Mahmoud: Wie fern ist Palästina? Fotos aus palästinensischen Flüchtlingslagern (Leipzig, 2003)
其中不少珍貴的圖片更勝千言萬語。

Morris, Benny: The Birth of the Palestinian Refugee Problem Revisited (Cambridge, 2003)

重得像磚頭——儘管富有爭議，倒還不失可讀性，此外也很適合作為工具書查詢。

Pappe, Ilan: Die ethnische Säuberung Palästinas (Frankfurt am Main, 2007)
值得關注的一部著作；大量的史料說明、圖片與地圖說明了這一點。

Sa'di, Ahmad H.; Abu-Lughod, Lila: Nakba. Palestine. 1948 and the Claims of Memory (New York, 2007)
適合尋求相關學術研究的人閱讀。

小說

Alkatout, Josef: Samla (Zürich, 2008)
簡短卻緊湊的故事。內容是關於驅逐、逃亡以及到達一個陌生的環境。

Kanafani, Ghassan: Rückkehr nach Haifa. Roman aus Palästina (Basel, 1992)
經典作品，很快就能讀完，全書僅 99 頁。

網路媒體

http://www.palaestina.org/links/links/fluechtlinge.php
巴勒斯坦解放組織及其所屬的柏林辦公室對於巴勒斯坦難民問題的看法。
http://www.un.org/unrwa（英）
相片、地圖、統計資料以及聯合國關於巴勒斯坦難民的最新報告。

1950 年代與蘇伊士運河危機

紀實類

Dayan, Moshe: Diary of the Sinai Campaign (New York, 1991)
以色列的名將暨前國防部長摩西‧戴揚的回憶錄。

Fullick, Roy; Powell, Geoffrey: Suez. The Double War (Barnsley, 2006)
如同大多數與這項主題有關的著作，作者也分析了英國的政策。書中還附有許多照片和地圖。

Hacohen, Dvora: Immigrants in Turmoil. Mass Immigration to Israel and its Repercussions in the 1950s and After (Syracuse, 2003)
描述以色列這個新國家所面臨的移民問題。

Kyle, Keith: Suez. Britain's End of Empire in the Middle East (London, 2003)
厚達 728 頁的經典著作。

小說

Oz, Amos: Mein Michael (Frankfurt am Main, 1992)

1950 與 60 年代發生在以色列的生活與愛情。

1960 年代與六日戰爭

紀實類

Churchill, Randolph S. und Winston S.: Und siegten am siebenten Tag (Reinbek bei Hamburg, 1968)
戰後隨即出版，如今只找得到二手書。

Laqueur, Walter: Nahost vor dem Sturm (Frankfurt am Main, 1968)
關於「戰爭爆發前發生了什麼事？」的內幕。

Mejcher, Helmut: Sinai. 5. Juni 1967. Krisenherd Naher und Mittlerer Osten (München, 1998)
相當有意思的一部著作，內容不僅涉及到了六日戰爭。

Oren, Michael B.: Six Days of War. June 1967 and the Making of the Modern Middle East (London, 2003)
通俗專業書籍的經典作品。

Segev, Tom: 1967. Israels zweite Geburt (München, 2009)
以明白易懂的方式詳細描述了戰爭的過程及其影響深遠的結果。

Zertal, Idith; Eldar, Akiva: Die Herren des Landes. Israel und die Siedlerbewegung seit 1967 (München, 2007)
很少有別的書能同樣提供關於這項重要主題如此全面且客觀的論述。

小說

Khalifa, Sahar: Die Verheiβung (Zürich, 2004)
在六日戰爭背景下發生的一段愛情故事。

Wiesel, Elie: Der Bettler von Jerusalem (Frankfurt am Main, 1986)
作者在戰後不久便出版了這部小說。

以色列占領下的巴勒斯坦人與阿拉法特領導下的巴勒斯坦民族運動

紀實類

Hoekmann, Gerrit: Zwischen Ölzweig und Kalaschnikow. Geschichte und Politik der palästinensischen Linken (Munster, 1999)
從阿拉伯的民族主義到巴勒斯坦的民族運動——一個概觀。

Kapeliuk, Amnon: Yassir Arafat. Die Biografie (Heidelberg, 2005)

這位記者與阿拉法特會面過不下一百五十次，本書的內容遠不只是一部傳記。

Rubin, Barry: Revolution until Victory? The Politics and History of the PLO (Boston, 1994)
從巴勒斯坦解放組織成立一直到第一次巴勒斯坦大起義結束。
Saada, Tass: Ich kämpfte für Arafat. Ein Fatah-Heckenschütze beginnt ein ganz neues Leben (Giessen, 2007)
題材並不簡單，但也因此使得這本可靠的書愈形重要。
Sadek, Hassan: Arafat (München, 2006)
篇幅僅有 96 頁，適合入門者閱讀。
Tophoven, Rolf: Fedayin. Guerilla ohne Grenzen (Bonn, 1973)
出版於 70 年代，就巴勒斯坦各團體的形成史而言，迄今依然深具可讀性。

電影

Spielberg, Steven (Regie): München (2005)
以雙方的觀點來審視以色列對於 1972 年慕尼黑奧運人質事件的反應。

1973 年——一方稱贖罪日戰爭，另一方稱齋月戰爭

紀實類

Blum, Howard: The Eve of Destruction. The Untold Story of the Yom Kippur War (New York, 2003)
藉由大量見證者的陳述還原戰爭的背景。
Rabinovich, Abraham: The Yom Kippur War. The Epic Encounter that transformed the Middle East (New York, 2005)
《耶路撒冷郵報》記者記述了戰爭的過程並介紹了參與者。

小說

Jehoschua, Abraham B.: Der Liebhaber (Frankfurt am Main, 1982)
一篇以贖罪日戰爭與 70 年代為背景的愛情故事。

網路媒體

http://www.hagalil.com/israel/geschichte/1973-krieg.htm
猶太人的線上雜誌，以圖文並茂的方式介紹了這個主題。

http://www.isracast.com/yk/stage.swf（英）
在首波攻擊期間以色列軍事電台的廣播錄音。

梅納赫姆・貝京主政下的以色列：從以色列殖民巴勒斯坦地區直到 1982 年的第一次黎巴嫩戰爭

紀實類

Bazzi, Yussef: Yassir Arafat sah mich an und lächelte. Erinnerungen eines Kämpfers (Zürich, 2009)
一位退伍軍人對黎巴嫩戰爭的報導，其中包含了許多細節，是一份相當重要的見證者文獻。
Schiff, Ze'ev; Ya'ari, Ehud: Israel's Lebanon War (New York, 1984)
少數以 1982 年那場戰爭為題碩果僅存的作品之一。
Schindler, Colin: The Land Beyond Promise. Israel. Likud and the Zionist Dream. Power. Politics and Ideology from Begin to Netanyahu (London, 1995)
書名說明了一切──緊湊而清晰。

小說

Darwisch, Mahmud: Ein Gedächtnis für das Vergessen. Beirut. August 1982 (Basel, 2001)
這位世界知名的巴勒斯坦詩人在他的小說裡回憶過去。
Leshem, Ron: Wenn es ein Paradies gibt (Reinbek, 2008)
一名年輕士兵於 1999 年在以色列設於黎巴嫩南部基地裡所發生的故事──一部描寫戰爭的瘋狂、值得再三回味的小說。

電影

Riklis, Eran（導演）: Cup Final. In der Schusslinie (1991)
難得可以同時反映雙方的一部反戰電影。

網路媒體

http://www.btselem.org/English/Settlements（英）
以色列人權組織對於位在約旦河西岸的猶太屯墾區的討論。
http://www.ochaopt.org（英）
聯合國定期更新並公布猶太屯墾區的地圖。

第一次巴勒斯坦大起義與奧斯陸和平協議

紀實類

Elias, Adel S.: Dieser Frieden heißt Krieg. Israel und Palästina. Die feindlichen Brüder (München, 1997)
《明鏡周刊》（Der Spiegel）資深記者所做的分析，枯燥卻寫實。

Grossmann, David: Diesen Krieg kann keiner gewinnen. Chronik eines angekündigten Friedens (München, 2003)
這位以色列作家以自己的角度來分析，奧斯陸和平協議後的相關事件與怠忽履行。

Habibi, Emil; Kaniuk, Yoram: Das zweifach verheißene Land (München, 1997)
分屬於衝突雙方的兩位作家進行了思想交流。

Kapeliuk, Amnon: Rabin. Ein politischer Mord. Nationalismus und rechte Gewalt in Israel (München, 1999)
與暗殺行動及凶手生活環境有關的事實與背景。

Said, Edward W.: Das Ende des Friedensprozesses. Oslo und danach (Berlin, 2002)
以巴勒斯坦的角度來詮釋奧斯陸和平協議後的相關事件與怠忽履行。

Schreiber, Friedrich: Aufstand der Palästinenser. Intifada (Opladen, 1990)
結構清晰，容易閱讀，十分值得推薦。

Schrobsdorff, Angelika: Jerusalem war immer eine schwere Adresse (München, 1998)
德國女作家對於第一次巴勒斯坦大起義十分懇切的個人回憶。

Wiedenhöfer, Kai: Perfect Peace: The Palestinians from Intifada to Intifada (Göttingen, 2002)
一位居住在巴勒斯坦地區超過十年的攝影師的攝影專輯。

Wolffsohn, Michael: Frieden jetzt? Nahost im Umbruch (Frankfurt am Main, 1996)
熟稔以、巴衝突的一位專家剖析和議的過程。

小說／詩歌

Abdel-Qadir, Ghazi: Die sprechenden Steine (Weinheim, 2005)
在遭受占領與第一次巴勒斯坦大起義下的生活——不只適合年輕讀者閱讀的青少年讀物。

Darwisch, Mahmoud: Wir haben ein Land aus Worten (Zürich, 2002)
詩人馬哈茂德・達爾維什從 1986 至 2002 年的作品集。

電影

Masharawi, Rashid（導演）: Curfew. Die Ausgangssperre (1998)
一部以占領區裡的現實生活為題材的電影，內容十分沉重。
Suleiman, Elia（導演）: Göttliche Intervention. Eine Chronik von Liebe und
Schmerz (auch: Divine Intervention; 2003)
描寫一對戀人被以色列檢查站分離的故事，曾在坎城影展獲獎。

網路媒體

http://www.intifada.com（英）
由巴勒斯坦人所詮釋的大起義，圖文並茂。

第二次巴勒斯坦大起義與藩籬的設置

紀實類

Baumgarten, Helga: Hamas. Aus dem palästinensischen Widerstand in die
Regierung (München, 2006)
一位行家對哈瑪斯所做的剖析，書中附有《哈瑪斯憲章》德文版全文。
Blum, Gadi; Hefez, Nir: Ariel Scharon. Die Biografie (Hamburg, 2006)
透過本書，讀者將了解到為何這位前以色列總理在以色列往往深受愛戴，
可是在國外卻飽受批評。
Croitoru, Joseph: Hamas. Der islamische Kampf um Palästina (München, 2007)
本書闡釋了哈瑪斯的宗旨、運作方式及成功的理由。是一本頗具啟發性的
著作。
Flottau, Heiko: Die eiserne Mauer. Palästinenser und Israelis in einem zerrissenen
Land (Berlin, 2009)
針對興建圍籬這項主題，以許多受訪者的意見為基礎所做的多方面分析。
Hass, Amira: Morgen wird alles schlimmer. Berichte aus Palästina und Israel
(München, 2006)
類似於記錄第二次巴勒斯坦大起義的日記，據說作者是當時唯一一位住在
約旦河西岸地區的以色列女記者。
Keshet, Kirstein Yehudit: Checkpoint Watch. Zeugnisse israelischer Frauen aus
dem besetzten Palästina (Hamburg, 2008)
巴勒斯坦解放組織以譴責的態度看待檢查站──本書以頗具說服力的方式
闡釋，為何檢查站如此重要。
Langer, Felicia: Quo vadis Israel? Die neue Intifada der Palästinenser (Göttingen,

2001)
這位曾獲頒「正確生活方式獎」（又稱另類諾貝爾獎）的以色列女律師，對大起義做了批判性的分析。

Masuhr, Dieter: Menschen in Palästina. Zeichnungen von Menschen, die die Intifada gezeichnet hat (Neu-Isenburg, 2005)
一部以不同的角度切入這項主題的有趣作品。

Sabbah, Raid: Der Tod ist ein Geschenk. Die Geschichte eines Selbstmordattentäters (München, 2002)
作者與一位即將執行自殺式攻擊的巴勒斯坦人進行了對話。

Shachak, Bat-Chen: Ich träume vom Frieden (Berlin, 2008)
在一場自殺式攻擊中不幸喪生的某位以色列少女的日記。

Sehadeh, Raja: Streifzüge durch Palästina. Notizen zu einer verschwindenden Landschaft (Wien, 2008)
作者身兼律師與作家身分，從個人的角度闡述政治事件如何改變一個國家。

Wenger, Karin: Checkpoint Huwara: Israelische Elitesoldaten und palästinensische Widerstandskämpfer brechen das Schweigen (München, 2008)
這位女記者忠實呈現出來自雙方的聲音——這是部相當重要的著作，因為它賦予了衝突某種面貌。

Wiedenhöfer, Kai: Wall (Göttingen, 2006)
以圍籬為主題的攝影集，內容並非僅限於柵欄與鐵絲網。

小說

Amiry, Suad: Scharon und meine Schwiegermutter. Tagebuch vom Krieg aus Ramallah. Palästina (Frankfurt am Main, 2004)
記述以色列占領期間的一本日記。

Durlacher, Jessica: Emoticon (Zürich, 2008)
一段相當特殊的故事，有別於一般以中東衝突為背景的小說。

Gavron, Assaf: Ein schönes Attentat (München, 2008)
故事是關於一位在攻擊事件中倖存的以色列人如何學著去面對它。節奏明快，極盡諷刺，頗值得一讀。

Greiner, Margret: Jefra heißt Palästina. Ein Mädchen in Jerusalem (München, 2006)
一位巴勒斯坦女性的故事；對她來說，並不存在什麼善惡的公式。

Grossman, David: Das Lächeln des Lammes (München, 1988)
一位以色列士兵在巴勒斯坦占領區結識了一位說書人的故事。

Khadra, Yasmina: Die Attentäterin (München, 2008)
自殺式攻擊的倖存者如何面對自己所遭逢的事件——一道難題。

Khalifa, Sahar: Heißer Frühling (Zürich, 2008)

日常生活如何被暴力與占領所改變？這是一本關於第二次巴勒斯坦大起義的書，著重於巴勒斯坦方面的探討。

Mayer, Doris: Revolution der Steine. Eine israelisch-palästinensische Liebesgeschichte (Wien, 2002)
一位以色列女性在第二次巴勒斯坦大起義的陰影下戀上一位巴勒斯坦男性的故事。

Nevo, Eshkol: Vier Häuser und eine Sehnsucht (München, 2007)
描寫拉賓遇刺後以色列社會所遭逢的苦難。

Verete-Zehavi, Tamar: Aftershock. Die Geschichte von Jerus und Nadira (München, 2009)
自殺式攻擊事件劫後餘生的人生——一個動人的故事，以一位年輕人的視角娓娓道來。

電影

Assad, Hany Abu（導演）: Paradise Now (2005)
曾於 2006 年榮獲奧斯卡獎提名，劇情頗富爭議——兩名巴勒斯坦人與他們的死亡任務。

Assad, Hany Abu（導演）: Rana's wedding（英文字幕, 2002）
雖然有點俗氣，不過倒是以充滿娛樂性的方式讓觀眾見識到某種生活方式與傳統。

Avital, Solo（導演）: More than 1000 words (2007)
一位以色列攝影師的個人寫照，主要是描述他在第二次巴勒斯坦大起義期間裡的生活。

Shamir, Yoav（導演）: Checkpoint (2004)
一部關於以色列檢查站的紀錄片，片中不帶評論與注解——一項大膽而成功的嘗試。

Zahavi, Dror（導演）: Alles für meinen Vater (2008)
以自殺式攻擊為題材的電影——雖說有點老套，但還是值得一看。

網路媒體

http://alhaq.org（英）
巴勒斯坦人權組織「真理」（al-Haq）將大量的文獻資料公諸於網際網路。
http://www.btselem.org（英）
以色列人權組織所屬的網頁，除了照片與影音以外還有許多其他的內容。
http://www.openbethlehem.org（英）
沒有以色列圍牆的伯利恆——網際網路上的一個願景。

從南邊的加薩走廊衝突到北邊的 2006 年第二次黎巴嫩戰爭

紀實類

Achcar, Gilbert; Warschawski, Michel: Der 33-Tage-Krieg. Israels Krieg gegen die Hisbollah im Libanon und seine Folgen (Hamburg, 2007)
一位黎巴嫩的政治學家與一位以色列的和平活動分子共同回顧與展望。

Hass, Amira: Gaza. Tage und Nächte in einem besetzten Land (München, 2004)
一位女記者在巴勒斯坦的危險區域裡所做的報導。

Marx, Bettina: Gaza. Bericht aus einem Land ohne Hoffnung (Frankfurt am Main, 2009)
富含近距離觀察的大部頭作品。

Wunder, Simon: Israel. Libanon. Palästina. Der Zweite Libanonkrieg und der Israel- Palästina-Konflikt 2006 (Berlin, 2007)
嚴格且徹底的分析，適合那些想要對這項主題進行更深入研究的人閱讀。

小說

Shilo, Sara: Zwerge kommen hier keine (München, 2009)
以那些從阿拉伯國家移民到以色列的猶太人的生活為題材的小說，是部視角罕見的作品。

電影

Folman, Ari（導演）: Waltz with Bashir (2008)
令人深受感動的動畫紀錄片。十分值得推薦。
Miller, James（導演）: Death in Gaza（英；2004）
報導加薩走廊現實情況的紀錄片，該片的製作人死於拍攝工作中。

網路媒體

http://www.lebanonundersiege.gov.lb（英）
以黎巴嫩政府的觀點所詮釋的戰爭及其結果。可惜的是，本網頁只在某些搜尋器的檔案裡才找得到。
http://www.pmo.gov.il（英）
以以色列政府的觀點所詮釋的戰爭及其結果——如果選擇「English」並且搜尋「Lebanon」，便可找到大量的相關文獻。

今日的以色列人與巴勒斯坦人

網路媒體

http://english.aljazeera.net（英）
在「Middle East」的部分可以找到阿拉伯的電視台所製做的中東新聞。
http://www.haaretz.com（英）
以色列《國土報》（Haaretz）的電子版。
http://www.imemc.org（英）
支持巴勒斯坦的國際中東媒體中心（International Middle East Media Centers）
所屬的網站，內有許多可供閱聽的相關資訊。
http: //www.jpost.com（英）
以色列《耶路撒冷郵報》的電子版。
http: //www.maanews.net（英）
巴勒斯坦的通訊社所屬網站，內有大量的照片與文章。
http: //www.mfa.gov.il（英）
以色列外交部的官網。
http: //www.mideastweb.org（英）
以平衡方式報導的新聞與背景故事。
http: //www.palestinemonitor.org（英）
以巴勒斯坦觀點所製作的大量資訊。
http: //www.spiegel.de/nahost
與以巴衝突有關的文章與影音，每週會多次更新。
http://www.thisweekinpalestine.com（英）
巴勒斯坦的雜誌，內容多半不涉及政治，每期會附上一頁統計資料。
http://web.amnesty.org/report2006/isr-summary-eng
國際特赦組織的報告，每年都會列出雙方的受害者人數。

「這是我們的家」——代跋

紀實類

Ainbinder, Odelia; Rifa'i, Amal; Tempel, Sylke: Wir wollen beide hier leben.
Eine schwierige Freundschaft in Jerusalem (Reinbek bei Hamburg, 2004)
一位以色列少女與一位巴勒斯坦少女彼此藉由書信所記錄下的友誼。
Dammann, Peter: Ein Jugendorchester in Palästina (Berlin, 2008)
巴倫波因—薩伊德基金會（Barenboim-Said Foundation）贊助了許多年輕音
樂家，在這本攝影專輯裡，許多令人印象深刻的照片見證了豐碩的成果。
Ellis, Deborah: Wenn ich einen Wunsch frei hätte... Kinder aus Israel und
Palästina erzählen (Frankfurt am Main, 2008)

為以巴衝突所苦的人們所發出的悲鳴。Daniela Kulot 令人動容的插畫道出了許多的故事。

Wali, Najem: Reise in das Herz des Feindes. Ein Iraker in Israel (München, 2009)
一位伊拉克人深入以色列——一場旨在激發文化對話的批判與反省之旅。

小說

Katz, Eran: Der überaus großartige ultimative Nahost-Friedensplan (Frankfurt am Main, 2005)
一位巴勒斯坦的旅行業者與一位以色列的旅行業者，共同想出一個令人難以置信的生意點子——一部成功的諷刺文學。

Zenatti, Válerie: Leihst du mir deinen Blick? Eine Freundschaft zwischen Jerusalem und Gaza (München, 2008)
一位住在加薩走廊的年輕人撿到了一封寄自以色列的瓶中信——活潑又有趣的愛情故事。

電影

Geller, Leon; Vetter, Marcus（導演）: Das Herz von Jenin (2008)
一位巴勒斯坦人的兒子被以色列人射殺，他將自己兒子的器官捐給以色列人。是部備受矚目並獲得熱烈讚賞的紀錄片。

網路媒體

http://www.genfer-initiative.de
以色列與巴勒斯坦雙方的知名人士勇敢地共同攜手提出一份和平計畫。
http://www.icci.org.il（英）
該組織邀請以色列與巴勒斯坦的青少年共同參與和平營——本章裡的兩位年輕人參與的便是此項計畫。
http://www.hellopeace.net（英）
如何才能化敵為友——以色列人與巴勒斯坦人互相打電話給對方。
http://www.peacenow.org.il（英）
以色列歷史最悠久且最活躍的和平組織所屬網站，內有許多地圖、照片與文章。
http://www.theparentscircle.com（英）
這個組織是由以巴雙方的父母親共同成立——他們都曾在雙方的衝突中失去了自己的兒女。
http://www.uri-avnery.de
與這位或許是以色列最知名的和平運動者有關的一切及其工作。

中東危機參考文獻

紀實類

Chomsky, Noam: Offene Wunde Nahost. Israel. Die Palästinenser und die US-Politik (Hamburg, 2003)
這位中東問題專家嚴厲地審判以巴雙方。

Elon, Amos: Jerusalem. Innenansichten einer Spiegelstadt (Reinbek bei Hamburg, 1992)
描述這個饒富爭議地方的歷史，是一部內容豐富的作品。

Flores, Alexander: Der Palästinakonflikt: Wissen was stimmt (Freiburg, 2009)
以 128 頁緊湊的篇幅概述巴勒斯坦衝突的問題，儘管如此，作者仍不吝於對事件給予評價。

Gresh, Alain: Israel-Palästina. Hintergründe eines Konfliktes (Zürich, 2009)
事實以及對事實所做的批判性研究。

Grosbard, Ofer: Israel auf der Couch. Zur Psychologie des Nahostkonflikts (Düsseldorf, 2001)
以心理學家的視角來觀察這場聖地爭奪戰。

Herz, Dietmar: Palästina. Gaza und Westbank. Geschichte. Politik. Kultur (München, 2003)
了解巴勒斯坦地區的著作，內容一目了然。

Hourani, Albert: Die Geschichte der arabischen Völker (Frankfurt am Main, 2000)
深入淺出的史書，由行家撰寫。

Johannsen, Margret: Der Nahost-Konflikt (Wiesbaden, 2009)
內容緊湊的教科書，適合做為中東衝突主題的入門讀物。

Konzelmann, Gerhard: Verlorener Frieden? Chancen und Risiken im Nahen Osten (München, 2007)
內行的作者深入分析哪些國家與團體在中東衝突裡扮演了某個角色。

Krautkramer, Elmar: Krieg ohne Ende? Israel und die Palästinenser. Geschichte eines Konflikts (Darmstadt, 2003)
借助許多重要的地圖與引文做了清楚的闡述。

Laqueur, Walter; Rubin, Barry: The Israel-Arab Reader. A Documentary History of the Middle East Conflict (New York, 2001)
關於中東衝突問題的文件與演說彙編。

Farhat-Naser, Sumaya: Thymian und Steine. Eine palästinensische Lebensgeschichte (Basel, 1999)
一位聞名於德語地區的巴勒斯坦女性的自傳。

Nusseibeh, Sari: Es war einmal ein Land. Ein Leben in Palästina (München,

2008)
一部刻劃深入的自傳。作者以自己的觀點鮮活地描述了以巴衝突。

Oz, Amos: Im Lande Israel (Frankfurt am Main, 1994)
作者與以巴雙方的人對話，進而評論。

Rotter, Gernot; Fathi, Schirin: Nahostlexikon. Der israelisch-palästinensische Konflikt von A-Z (Heidelberg, 2001)
將事實與背景化為一百多個關鍵字。

Scholl-Latour, Peter: Lügen im Heiligen Land. Machtproben zwischen Euphrat und Nil (München, 2000)
有時個人，多半詳細，始終充滿背景資訊。

Steininger, Rolf: Der Nahostkonflikt (Frankfurt am Main, 2003)
127 頁緊湊的入門讀物，書中還含有一小部分關於伊拉克的題外話。

Tibi, Bassam: Pulverfaß Nahost. Eine arabische Perspektive (Stuttgart, 1997)
書名說明了一切——較適合進階者閱讀。

Wasserstein, Bernard: Israel und Palästina. Warum kämpfen sie und wie können sie aufhören? (München, 2003)
一部四平八穩的著作，適合進階者閱讀。

Wolffsohn, Michael: Wem gehört das Heilige Land? Die Wurzeln des Streits zwischen Juden und Arabern (München, 2002)
對於入門者而言，可說是關於中東問題方面最值得一讀的著作。

Yaron, Gil: Jerusalem. Ein historisch-politischer Stadtführer (München, 2007)
以猶太人、基督徒及伊斯蘭教徒的觀點為這個城市描繪出一個頗具啟發性的面貌。

Zimmermann, Moshe: Goliaths Fälle. Israelis und Palästinenser im Würgegriff (Berlin, 2004)
以色列歷史學家回顧過往。

小說

Beynon, Matt: Der Verräter von Bethlehem (München, 2008)
歐瑪‧喬瑟夫（Omar Jussuf）探案——一個巴勒斯坦偵探小說系列的序幕，這個偵探小說系列提供一個特殊視角觀察巴勒斯坦的政治與生活。

Habibi, Emil: Der Peptimist (Basel, 1995)
這位巴勒斯坦作家最知名的一部小說。

Sacco, Joe: Palästina. Eine Comic-Reportage (Frankfurt am Main, 2004)
一位美國記者敘述自己在中東的見聞。

Theisen, Manfred: Checkpoint Jerusalem. Eine Liebe in Zeiten des Terrors (München, 2004)
濃縮在一個愛情故事裡的以巴衝突。

Kashua, Sayed: Tanzende Araber (Berlin, 2004)
一位巴勒斯坦裔的以色列人找尋自我。
Keret, Etgar; El-Youssef, Samir: Alles Gaza. Geteilte Geschichten (München, 2006)
來自中東的短篇故事——一位以色列人與一位巴勒斯坦人聯手出版。
Khoury, Elias: Das Tor zur Sonne (München, 2007)
50 多年來的巴勒斯坦史——厚達 742 頁的史詩鉅作。

網路媒體

http://www.bpb.de/publikationen
德國聯邦政治教育中心在網路上提供了許多相關資料。其中有不少書籍是
可以訂購的。

時代見證者

見證者姓名		出生時間與地點	訪問時間與地點
Abdul-Karim Lafi	阿布杜一卡里姆・拉菲	1958年於科威特	2006年8月26日於耶路撒冷
Abraham Bar-Am	亞伯拉罕・巴蘭姆	1993年於特拉維夫	2006年8月6日與24日於特拉維夫
Abraham Bolotin	亞伯拉罕・波羅丁	1925年於特拉維夫	2006年7月5日於拉馬干
Afram Schahin	阿富蘭・夏辛	1961年於伯利恆	2006年9月2日於伯利恆
Ahmed Amos	阿美德・阿莫斯	1970年於伯利恆	2006年8月25日於耶路撒冷
Aiyub Tutundschi	阿由布・圖屯吉	1990年於耶路撒冷	2006年8月10日於耶路撒冷
Alex Orli	艾利克斯・歐利	1935年於波蘭	2006年4月16日與23日於耐斯茨奧納
Al-Hadsch Ahmed Olayyan	阿爾哈德胥・阿美德・歐拉揚	1930年於耶利哥	2006年6月9日於耶利哥
Amdschad Tubasi	安姆賈德・圖巴西	1973年於傑寧	2006年9月28日於傑寧
Amelie Dschaqaman	艾蜜莉・札卡曼	1922年於伯利恆	2006年4月26日於拉姆安拉
Anan Tabouq	阿南・塔布克	1982年於納布盧斯	2006年9月24日於納布盧斯
Anwar Arafat	安瓦・阿拉法特	1932年於加薩市	2006年12月17日於加薩市
Asma Moghari	愛絲瑪・摩卡利	1981年於努希拉特難民營	2006年12月17日於加薩市
Avi Goren	艾維・戈倫	1954年於雷霍沃特	2006年8月11日於霍德夏沙隆
Ayman Afana	阿伊曼・阿法納	1974年於加薩市	2006年12月17日於加薩市
Ayman Qannita	阿伊曼・康尼塔	1979年於加薩市	2006年12月17日於加薩市
Baruch Schub	巴魯克・舒博	1924年於波蘭	2006年4月18日於特拉維夫
Bat Scheva Schaul	芭特・薛華・紹爾	1959年於海法	2006年9月12日於海法
Chairia Scheich Yosef	查理雅・賽希・約瑟夫	1924年於臺伯	2006年7月28日於臺伯
Chalil Nedschem	查理爾・內德尚	1936年於馬夏德	2006年12月17日於沙堤難民營
Dror Schachar	德洛爾・夏查爾	1960年於帕德斯查納	2006年8月24日於莫迪因
Dschamal Taleb	札瑪爾・塔雷布	1955年於傑寧	2006年9月28日於傑寧
Elad Schachar	艾拉德・夏沙	1990年於哈納哈齊夫集體農莊	2006年8月10日於耶路撒冷
Fatmah al-Hadi	法特瑪・哈迪	1927年於臺伯	2006年7月28日於臺伯
Gabby Rosenfeld	賈比・羅森菲爾德	1948年於提拉茲文恩納貝特桑集體農莊	2006年9月28日於哈爾吉羅
Georgette Saadeh	喬婕特・薩黛	1929年於比爾澤特	2006年4月26日於比爾澤特
Gladis Karquli-Levi	格拉蒂斯・卡古利一列維	1936年於伊拉克	2006年8月10日於特拉維夫
Halima Sanakre	哈里瑪・薩納克雷	1933年於拉薩林	2006年2月9日於巴拉塔難民營
Hava Keller	哈娃・凱勒	1929年於波蘭	2006年2月26日於特拉維夫
Hazar al-Hadi	哈莎・阿哈迪	1983年於臺伯	2006年9月14日於海法
Hiba al-Ayan	席芭・阿拉揚	1989年於耶路撒冷	2006年8月27日於耶路撒冷
Hussein Abu Ahlayel	胡笙・阿布・阿赫拉耶爾	1964年於加薩市	2006年12月17日於加薩市
Idan Schaul	伊丹・紹爾	1989年於海法	2006年9月12日於海法
Ilham Saad al-Athamna	伊兒涵・薩德・阿坦納	1985年於拜特哈農	2006年12月17日於拜特哈農
Inbar Schaul	英蓓兒・紹爾	1989年於海法	2006年9月12日於海法
Jack Neno	賈克・內諾	1968年於伯利恆	2006年9月22日於伯利恆
Jakob Katzir	雅各・卡齊爾	1935年於烏克蘭	2006年7月27日於拉特倫、8月1日於海法
Jitzchak Feller	齊賈克・菲勒	1941年於耶路撒冷	2006年8月10日於耶路撒冷
Josef Arnan	約瑟夫・阿南	1924年於德國	2006年6月27日於特拉維夫
Joseph Kister	約瑟夫・奇斯特	1944年於特拉維夫	2006年6月4日於特拉維夫
Joseph Nachmias	約瑟夫・納赫米阿斯	1926年於耶路撒冷	2006年6月4日於特拉維夫

見證者姓名		出生時間與地點	訪問時間與地點
Karla Hajdu	卡拉‧海杜	1937年於布達佩斯	2006年9月13日於謝莫納城
Karla Pilpel	卡拉‧皮爾佩爾	1931年於柏林	2006年5月5日與10日於耶路撒冷
Lior Feller	莉奧‧菲勒	1984年於耶路撒冷	2006年9月27日於斯德洛特
Maha Schouman	瑪哈‧紹曼	1958年於圖爾卡蘭	2006年9月24日於納布盧斯
Mahera Ayyad	瑪赫拉‧阿雅德	1975年於耶路撒冷	2006年10月1日於阿布迪斯
Manal Ayyad	瑪娜兒‧阿雅德	1977年於耶路撒冷	2006年10月1日於阿布迪斯
Maurice Tabarani	莫里斯‧塔巴拉尼	1924年於海法	2006年5月19日於海法
Metuka Alper	梅圖卡‧阿爾佩	1938年於匈牙利	2006年8月6日於佩塔提克瓦
Miriam Rosenberg	蜜莉安‧羅森貝爾格	1946年於羅茲	2006年9月13日於謝莫納城
Mischelem Schächter	米歇雷姆‧薛希特	1913年於波蘭	2006年3月21日於海法
Mohammed Afana	穆罕默德‧阿法納	1975年於加薩市	2006年12月17日於加薩市
Mohammed Hasan Scheich Yosef	穆罕默德‧哈珊‧賽希‧約瑟夫	1924年於臺伯	2006年7月28日於臺伯
Munir Saad al-Athamna	穆尼爾‧薩德‧阿坦納	1977年於拜特哈農	2006年12月17日於拜特哈農
Muyassar Salamah	穆雅莎‧薩拉瑪	1928年於拿撒勒	2006年9月7日於拿撒勒
Nael Qubbadsch	納耶爾‧庫巴奇	1959年於納布盧斯	2006年9月24日於納布盧斯
Nazmi al-Dschubeh	納茲米‧阿爾—德舒貝	1955年於耶路撒冷	2006年9月18日於拉姆安拉
Nour al-Kasrawi	努爾‧卡斯拉維	1924年於希伯侖	2006年6月29日於希伯崙
Nuha Wahbe	努哈‧瓦赫伯	1932年於勞德	2006年2月25日於納布盧斯
Olga Rissin	奧爾嘉‧里辛	1982年於聖彼德堡	2006年12月13日於耶路撒冷
Pauline Livschitz	寶麗娜‧李維薛茲	1923年於愛丁堡	2006年5月17日於喀發哈納希集體農莊
Rachel Saperstein	瑞秋‧薩柏斯坦	1941年於美國	2006年9月27日於尼詹
Rafiq Choudari	拉菲克‧褚達利	1924年於加薩市	2006年12月17日於加薩市
Ramzi Hassouna	拉姆齊‧哈蘇納	1981年於加薩市	2006年12月17日於加薩市
Sabah Ayyad	莎芭‧阿雅德	1958年於耶路撒冷	2006年10月1日於阿布迪斯
Sabrin Masarwi	莎柏琳‧瑪沙維	1978年於圖爾卡蘭的臺伯	2006年7月28日於臺伯
Sahar Samha	莎哈爾‧山姆哈	1917年於馬茲拉夏及亞	2006年5月14日於馬茲拉夏及亞
Saman Choury	薩曼‧褚里	1948年於伯利恆	2006年8月26日於耶路撒冷
Samira Iraqi	薩米拉‧伊拉齊	1973年於德國	2005年12月16日於拉姆安拉
Scharif Hamida	夏里夫‧哈米達	1912年於馬茲拉夏及亞	2006年5月14日於馬茲拉夏及亞
Schila Ben Jehuda	席拉‧班‧耶胡達	1927年於英國	2006年5月17日於喀發哈納希集體農莊
Schiri Bar-Zvi	席莉‧巴茲維	1980年於奧諾村	2006年9月10日於海法
Sufian Abu Latifa	蘇菲安‧阿布‧拉提法	1980年於耶路撒冷	2006年9月18日於拉姆安拉
Terry Boullata	泰莉‧布拉塔	1966年於耶路撒冷	2006年8月26日於耶路撒冷
Uri Chanoch	烏利‧查諾克	1928年於立陶宛	2006年4月18日於喀發許瑪亞胡
Wolf Factor	沃爾夫‧法克多	1926年於波蘭	2006年4月24日及 5月7日與11日於特拉維夫
Yakov Keller	雅可夫‧凱勒	1929年於德國	2006年2月26日於特拉維夫
Yehuda Domitz	耶華達‧多米茲	1926年於捷克斯洛伐克	2006年7月2日於耶路撒冷
Yochanan Ron	尤夏南‧榮	1940年於羅馬尼亞	2006年5月7日於特拉維夫
Yosef Levi	約瑟夫‧列維	1933年於伊拉克	2006年8月10日於特拉維夫
Zvi Alper	茲維‧阿爾佩	1937年於烏克蘭	2006年8月6日於佩塔提克瓦
Zvi Barzel	茲維‧巴徹爾	1927年於特拉維夫	2006年7月5日特拉維夫

中外名詞對照表

Abdallah bin al-Hussein	阿布杜拉‧伊本‧海珊
Abdul Rahman Hassan Azzam	阿布杜‧拉赫曼‧哈珊‧阿薩姆
Abu Dis	阿布迪斯（東耶路撒冷）
Acre	阿克里
Afula	阿富拉
Ahmed Qurai	阿赫麥德‧庫賴
al-Aqsa Martyrs' Brigades	阿薩克烈士旅
Al-Aqsa Mosque	阿克薩清真寺
Alfred Dreyfus	阿弗列‧屈里弗斯
Ali ibn Abi Talib	阿里‧本‧阿比‧塔利卜
Aliya	移民（希伯來文）
Allenby Bridge	艾倫比橋
Am Stau	安姆斯導
Amir Peretz	阿米爾‧佩雷茨
Amman	安曼
Amnesty International	國際特赦組織
Amos Elon	阿默斯‧埃隆
Arab Higher Committee	阿拉伯高等委員會
Arab League	阿拉伯國家聯盟
Arab Liberation Army	阿拉伯解放軍
Ariel	阿里埃勒（屯墾區）
Ariel Sharon	艾里爾‧夏隆
Arthur James Balfour	阿瑟‧詹姆斯‧貝爾福
Ascalon	亞實基倫
Ashdod	阿什杜德（地中海城市）
Atlit	阿特立
Avraham Stern	亞夫拉罕‧史坦
Auschwitz	奧斯威辛
Avigdor Lieberman	阿維格多‧利伯曼
Balata	巴拉塔
Baruch Goldstein	巴魯克‧戈登斯坦
Basra	巴斯拉
Bedouin	貝都因人
Beirut	貝魯特
Beit Hanoun	拜特哈農
Beit Safafa	拜特塞法法（東耶路撒冷）
Benjamin Netanyahu	班傑明‧納坦雅胡
Bill Clinton	比爾‧柯林頓
Biltmor Hotel	比特摩飯店
Biltmore Program	比特摩計畫
Bir Zeit	比爾澤特
Black September	黑色九月事件
Black September Organization	黑色九月

Bricha	布利察
Buchenwald	布亨瓦德
Burma Street	緬甸街
Cave of the Patriarchs	易卜拉欣清真寺
Church of the Holy Sepulchre	聖墓教堂
Church of the Nativity	聖誕教堂
Dachau	達豪
Damascus	大馬士革
David Ben-Gurion	戴維・本－古里安
David Daniel Marcus	大衛・丹尼爾・馬可斯
Deir Yassin	代爾亞辛（村）
Democratic Front for the Liberation of Palestine	解放巴勒斯坦民主陣線（簡稱DFLP）
Deutsches Afrikakorps	德意志非洲軍（簡稱DAK）
Dome of the Rock	圓頂清真寺
Druze	德魯茲派
Ehud Barak	埃胡德・巴拉克
Ehud Olmert	埃胡德・歐麥特
Eilat	埃拉特
Emil Sandström	艾米爾・桑德斯特倫
Eretz Yisrael	以色列家園
Evian	埃維昂
Exodus	出埃及
Faisal I of Iraq	費爾薩一世（伊拉克）
Farouk of Egypt	法魯克一世（埃及）
Fatah	法塔赫
Fawzi al-Qawuqji	法齊・卡武齊
Fedayeen	敢死隊（阿拉伯文）
First Palestinian Intifada	第一次巴勒斯坦大起義
Folke Bernadotte	福克・伯納多特
Fourth Geneva Convention	日內瓦第四公約
François Georges-Picot	佛蘭索瓦・傑歐－皮科
Franklin D. Roosevelt	富蘭克林・D・羅斯福
Faisal I of Iraq	費爾薩一世（伊拉克）
Gamal Abdel Nasser Hussein	賈邁勒・阿卜杜勒・納賽爾
Geneva Initiative	日內瓦倡議
Gaza	加薩
Gaza-Jericho Agreement	加薩－耶利哥協議
George Bush	喬治・布希（老布希）
George W. Bush	小布希

George Habash	喬治・哈巴什
Ghassan Kanafani	格桑・卡納法尼
Glasgow	格拉斯哥
Golda Meir	果爾達・梅厄
Golan Heights	戈蘭高地（敘利亞）
Gush Emunim	忠信社
Gush Etzion	古什埃齊翁
Gush Katif	古什卡蒂夫
Hadassah Hospital	哈德薩醫院
Hadera	哈代拉
Haganah	哈加納
Haifa	海法（地中海城市）
Hajj	朝覲（伊斯蘭教）
halal	清真
Hamas	哈瑪斯
Handala	韓達拉
Haram al-Sharif	聖殿山（阿拉伯語）
Harry S. Truman	美國總統杜魯門
Hashemite	哈希姆家族
Hassan al-Banna	哈桑・班納
Hassan Nasrallah	哈桑・納斯魯拉
Hebron	希伯侖
Hejaz	漢志（地區）
Herut	以色列自由黨
Hessen	黑森（邦）
Hizballah	真主黨
hudna	胡德納
Hussein bin Talal	胡笙・賓・塔拉勒
Hussein ibn Ali	海珊・本・阿里
In the Fields of the Philistines	《在非利士人的田野》
Irgun Tzwa'i Le'umi	國家軍事組織（伊爾貢）
Ismail Haniyeh	伊斯梅爾・哈尼亞
Izz ad-Din al-Qassam	伊宰・丁・卡桑
Jaffa	雅法
Jenin	傑寧
Jericho	耶利哥
Jewish Agency	猶太事務局
Jihad	聖戰
Jimmy Carter	吉米・卡特
John Bagot Glubb	約翰・巴戈特・格拉布

Kaaba	卡巴天房
Kadima	前進黨
Kahan Commission	卡韓調查委員會
Katyusha multiple rocket launchers	喀秋莎多管火箭砲
Khartoum	喀土木
Kibbuz	吉布茨
Kindertransport	兒童輸送
King David Hotel	大衛王酒店
Kings of Israel Square	以色列王廣場
Kippah	基帕
Kiryat Shmona	謝莫納城
Konrad Adenauer	康拉德·阿登諾
Kurfürstendamm	選帝侯大道（柏林）
Latrun	萊特龍
Lehi	列希
Leon Uris	里昂·尤瑞斯
Leonid Breschnew	列昂尼德·布里茲涅夫
Likud	以色列聯合黨
Lionel Walter Rothschild	萊昂內爾·沃爾特·羅斯柴爾德
Lior Feller	里歐·菲勒
Lod	盧德
Lodz	羅茲
Lohamei Herut Israel	以色列自由戰士（簡稱Lehi）
Maccabees	馬加比家族
Mahmud Abbas	馬哈茂德·阿巴斯
Majdal	馬札達爾
Mamluk	馬穆魯克（軍團）
Mapai	以色列勞動黨
Maqluba	巴勒斯坦抓飯
Menachem Begin	梅納赫姆·貝京
Mohammed Amin al-Husseini	穆罕默德·阿明·侯賽尼
monotheism	一神論
Moshe Dayan	摩西·戴揚
Moshe Katzav	摩西·卡察夫
Moshe Sharett	摩西·夏里特
Mosul	摩蘇爾
Mufti	穆夫提
Muhammad Anwar El Sadat	穆罕默德·艾爾·沙達特
Muhammad Hosni Mubarak	穆罕默德·胡斯尼·穆巴拉克
M4 Sherman	雪曼戰車
Nablus	納布盧斯

Naji al-Ali	納吉・阿里
Nakba Day	災難日
Nasserism	納賽爾主義
Nazareth	拿撒勒
Negev	內蓋夫沙漠
Netanya	內坦雅
Operation Defensive Shield	防護盾行動
Operation Litani	利塔尼行動
Operation Musketeer	火槍手行動
Operation Peace for Galilee	加利利和平行動
Operation Saladin	薩拉丁行動
Operation Wrath of God	天譴行動
Orde Charles Wingate	奧德・查爾斯・溫蓋特
Oslo Accords	奧斯陸協議
Palestine Liberation Organization	巴勒斯坦解放組織（簡稱PLO）
Palestinian Islamic Jihad	巴勒斯坦伊斯蘭聖戰運動（簡稱PIJ）
Palestinian Legislative Council	巴勒斯坦立法委員會
Palestinian National Authority	巴勒斯坦民族權力機構（簡稱PNA）
Palestinian National Charter	巴勒斯坦民族憲章
Palestinian National Council	巴勒斯坦民族議會
Palestinian National Liberation Movement	巴勒斯坦民族解放運動
Palmach	帕爾馬奇
Paniok	潘尼歐克號
Paul Newman	保羅紐曼
Petra II	派特拉二世號
Popular Front for the Liberation of Palestine	解放巴勒斯坦人民陣線（簡稱PFLP）
Pöppendorf	波本多夫
Port Said	塞得港
Quartet on the Middle East	中東和平四方集團
Quneitra	庫奈特拉
Ramallah	拉姆安拉
Ramadan	齋戒月
Ramadan War	齋月戰爭
Reichskristallnacht	水晶之夜
Road Map	路線圖計畫
Ruhollah Moosavi Khomeini	魯霍拉・穆薩維・何梅尼
Russian Compound	俄羅斯大院

Sabra	薩布拉
Saddam Hussein	薩達姆·海珊
Safed	采法特
Salam Fayyad	薩拉姆·法耶茲
San Remo	聖雷莫（義大利）
Schadi Tubasi	夏迪·圖巴西
Scud	飛毛腿飛彈
Sderot	斯德洛特
Sea of Galilee	加利利海
Shadi Tubasi	夏迪·圖巴西
Shahid	烈士（阿拉伯文）
Sharia	伊斯蘭教法
Sharm el-Shaykh	沙姆沙伊赫
Shatila	夏蒂拉
Sheikh Ahmed Yassin	謝赫·艾哈邁德·亞辛
Sheikh Hussein Bridge	胡笙酋長橋
Sheqel	謝克爾（以色列貨幣）
Shimon Peres	西蒙·裴瑞斯
Simon bar Kokhba	西蒙·巴爾·科赫巴
Sinai Peninsula	西奈半島
Sir Henry McMahon	亨利·麥克馬洪爵士
Sir Mark Sykes	馬克·賽克斯爵士
Society of the Muslim Brothers	穆斯林兄弟會
St. James Conference	聖詹姆士宮會議
Straits of Tiran	蒂朗海峽
State of Palestine	巴勒斯坦國
Sykes-Picot Agreement	賽克斯一皮科協定
Tel Aviv	特拉維夫
The First Zionist Congress	第一屆世界錫安主義者大會
The Mossad	摩薩德
The Other Side of the Coin	《真相的另一面》
Theodor Herzl	西奧多·赫茨爾
Thomas Edward Lawrence	湯瑪斯·愛德華·勞倫斯上校（阿拉伯的勞倫斯）
Tiberias	提比里亞
Tiran	蒂朗島
Torah	妥拉
Tulkarem	圖爾卡蘭
U Thant	宇譚
Umar ibn Al-Khattab	奧馬爾·伊本·哈塔卜
Unified National Leadership	民族統一領導（團體）

United Nations Relief and Works Agency for Palestine Refugees in the Near East	聯合國近東巴勒斯坦難民救濟暨工程處（簡稱 UNRWA）
United Nations Special Committee on Palestine	聯合國巴勒斯坦特別委員會（UNSCOP）
Uri Avnery	烏里・艾夫內瑞
Vladimir Simic	弗拉迪米爾・西米斯
Wannseekonferenz	萬湖會議
waqf	瓦合甫
William Robert Peel	威廉・羅伯特・皮爾伯爵
World Zionist Organization	世界錫安主義者組織（簡稱WZO）
Wye River Memorandum	懷伊河協定
Yagur	雅古爾號
Yassir Arafat	亞西爾・阿拉法特
Yesh Gvul	凡事有個限度（團體）
Yigal Allon	伊加爾・阿隆
Yisrael Beiteinu	以色列我們的家園黨
Yigal Amir	伊卡爾・阿米爾
Yitzhak Kahan	伊札克・卡韓
Yitzhak Rabin	伊札克・拉賓
Yitzhak Shamir	伊札克・夏米爾
Yom Kippur	贖罪日
Zionism	錫安主義

圖片索引

第 16 頁：Theodor Herzl / Foto um 1900 / akg-images

第 26 頁：Brit. Polizei kontroll. Palästinenser 1938 / akg-images

第 30 頁：Internat. Flüchtlingskonferenz 1938 / Bildarchiv Pisarek / akg-images

第 35 頁：Hitler u. der Großmufti v. Jerusalem, 1941 / akg-images

第 47 頁：Exodus/Umschiffung v. Einwanderern / Haifa / AP / akg-images

第 59 頁：Staatsgründung Israels, 14.5.1948 / akg-images

第 65 頁：Arab. Soldaten in Lager bei Jaffa 1948 / akg-images

第 77 頁：UNRWA Camp For Palestinian Refugees / Hulton Archive / Getty Images

第 86 頁：Lager für jüd. Einwanderer bei Jerusalem / akg-images

第 95 頁：Nasser und Nagib 1954 / akg-images

第 114 頁：The Wailing Wall / Terry Fincher / Getty Images

第 117 頁：Arafat / Foto 1978 / akg-images

第 130 頁：Dayan Moshe;Golda Meir / David Rubinger / Getty Images

第 143 頁：Workers Continue Building Work In West Bank Settlement / Uriel Sinai / Getty Images

第 149 頁：Demonstration von Palästinensern / 1988 / AP / akg-images

第 155 頁：US President Bill Clinton (C) stands between PLO l / DAVID AKE / Getty Images

第 163 頁：Israeli right-wing opposition l / AFP / Getty Images

第 168 頁：Palestinian Suicide Bombing / David Silverman / Getty Images

第 182 頁：Israeli Continues To Build Separation Barrier / David Silverman / Getty Images

第 199 頁：Beirut Residents Continue to Flock to Southern Neighborhoods / Spencer Platt / Getty Images

第 200 頁：An Israeli family takes cover in a shelt / Getty Images

第 214 頁：WESTERN WALL AND DOME OF THE ROCK, JERUSALEM, ISRAEL/ Gary Cralle / Getty Images

Maps by Achim Norweg © Carl Hanser Verlag München

謝詞

感謝布里特‧齊歐可夫斯基（Britt Ziolkowski）與約翰尼斯‧張（Johannes Zang）提供了許多意見與好的構想。感謝楊‧阿爾布萊希特（Jan Albrecht）、湯瑪斯‧克洛茲（Thomas Klotz）、安妮卡‧盧貝克（Annika Lubke）、安潔莉卡‧歐爾布里希（Angelika Olbrich）與塔蒂亞娜‧崔弗洛斯（Tatjana Travlos）等人在本書的校訂與更新上提供了許多協助。

蕾娜特‧施密特博士（Dr. Renate Schmidt）與蘇珊娜‧塔拉巴登博士（Dr. Susanne Talabardon）不僅指出了本書內容中有疑義之處，並且提供了許多寶貴的修正意見，在此謹向她們致上誠摯的謝忱。

感謝馬蒂亞斯‧辛納赫（Matthias Simnacher）幫助作者在耶路撒冷順利採訪，並大力協助整理手稿。他自始至今都參與了本書的撰寫。

本書的構想多半是來自經紀人安妮‧格林克（Aenne Glienke），在本書的寫作過程中，她總是給予我們很多的建議與協助。

本書要向以色列與巴勒斯坦雙方見證這段歷史的人們致上最深的謝意。他們娓娓道來的親身經歷豐富了本書

的內容——讀者們可在本書附錄的見證者名單中找到他們的大名。在我們尋找見證者及與他們對話的過程中曾遭遇到重重困難,然而許多以色列人和巴勒斯坦人卻願意無私地給予我們幫助,如果沒有他們的援助,本書恐將難以完成,遺憾的是,若要一一細數他們的名字,只怕一整個章節也無法盡載。

感謝卡爾・漢莎出版社（Carl Hanser Verlag）的卡特雅・德沙迦（Katja Desaga）讓本書得以呈現在讀者面前。

感謝蘇珊娜・克倫納博士（Dr. Susanne Krone）與我們合作完成本書最新版的修訂事宜。此外,我們也很榮幸邀請到薩米拉・札瑪（Samira Dschamal）為我們撰寫序言。

多媒體參考資料方面已同步更新至最新版本,大事表則增補了一些新的事件,遺憾的是,多數皆為負面消息。有鑑於本書的寫作初衷,全新的章節尚需大量見證者的口述資料,故本次的更新暫不考慮增添新的章節。

國家圖書館出版品預行編目資料

認識以色列人與巴勒斯坦人從古到今的紛爭 / 諾亞‧弗洛格 (Noah Flug),
馬丁‧薛伯樂 (Martin Schäuble) 著；王瑜君，王榮輝譯 .-- 初版 .-- 臺北
市：商周出版：家庭傳媒城邦分公司發行，2015.05
　面；　公分 .--（生活視野）
譯自：Die Geschichte der Israelis und Palästinenser

　　ISBN 978-986-272-799-7(平裝)

　1. 猶太民族 2. 國際衝突 3. 中東

735　　　　　　　　　　　　　　　　　104006513

生活視野
認識以色列人與巴勒斯坦人從古到今的紛爭
Die Geschichte der Israelis und Palästinenser

作　　　者／諾亞‧弗洛格（Noah Flug）、馬丁‧薛伯樂（Martin Schäuble）
譯　　　者／王瑜君、王榮輝
企畫選書人／程鳳儀
責 任 編 輯／余筱嵐

版　　　權／林心紅、翁靜如
行 銷 業 務／莊晏青、何學文
副 總 編 輯／程鳳儀
總 經 理／彭之琬
事業群總經理／黃淑貞
發 行 人／何飛鵬
法 律 顧 問／元禾法律事務所 王子文律師
出　　　版／商周出版
　　　　　　台北市104民生東路二段141號9樓
　　　　　　電話：(02) 25007008　傳真：(02)25007759
　　　　　　E-mail：bwp.service@cite.com.tw
　　　　　　Blog：http://bwp25007008.pixnet.net/blog
發　　　行／英屬蓋曼群島商家庭傳媒股份有限公司 城邦分公司
　　　　　　台北市中山區民生東路二段141號2樓
　　　　　　書虫客服服務專線：02-25007718；25007719
　　　　　　服務時間：週一至週五上午 09:30-12:00；下午 13:30-17:00
　　　　　　24 小時傳真專線：02-25001990；25001991
　　　　　　劃撥帳號：19863813；戶名：書虫股份有限公司
　　　　　　讀者服務信箱：service@readingclub.com.tw
　　　　　　城邦讀書花園：www.cite.com.tw
香港發行所／城邦（香港）出版集團有限公司
　　　　　　香港灣仔駱克道193號東超商業中心1樓；E-mail：hkcite@biznetvigator.com
　　　　　　電話：(852) 25086231　傳真：(852) 25789337
馬新發行所／城邦（馬新）出版集團 Cite (M) Sdn. Bhd.
　　　　　　41, Jalan Radin Anum, Bandar Baru Sri Petaling, 57000 Kuala Lumpur, Malaysia.
　　　　　　Tel: (603) 90578822　Fax: (603) 90576622　Email: cite@cite.com.my

封 面 設 計／楊啓巽
排　　　版／極翔企業有限公司
印　　　刷／韋懋實業有限公司
總 經 銷／高見文化行銷股份有限公司　新北市樹林區佳園路二段70-1號
　　　　　　電話：(02)2668-9005　傳真：(02)2668-9790　客服專線：0800-055-365

■2015年 5 月19日初版
■2023年10月24日初版4.8刷
定價380元

Printed in Taiwan

城邦讀書花園
www.cite.com.tw

104　台北市民生東路二段141號2樓

- -

請沿虛線對摺，謝謝！

書號：BH2006	書名：	認識以色列人與巴勒斯坦人 從古到今的紛爭

讀者回函卡

感謝您購買我們出版的書籍！請費心填寫此回函卡，我們將不定期寄上城邦集團最新的出版訊息。

不定期好禮相贈！
立即加入：商周出版
Facebook 粉絲團

姓名：＿＿＿＿＿＿＿＿＿＿＿＿＿＿＿＿ 性別：□男 □女

生日：西元＿＿＿＿＿年＿＿＿＿＿月＿＿＿＿＿日

地址：＿＿＿＿＿＿＿＿＿＿＿＿＿＿＿＿＿＿＿

聯絡電話：＿＿＿＿＿＿＿＿ 傳真：＿＿＿＿＿＿＿

E-mail ：

學歷： □ 1. 小學 □ 2. 國中 □ 3. 高中 □ 4. 大學 □ 5. 研究所以上

職業： □ 1. 學生 □ 2. 軍公教 □ 3. 服務 □ 4. 金融 □ 5. 製造 □ 6. 資訊

□ 7. 傳播 □ 8. 自由業 □ 9. 農漁牧 □ 10. 家管 □ 11. 退休

□ 12. 其他＿＿＿＿＿＿＿＿＿＿＿＿＿＿＿

您從何種方式得知本書消息？

□ 1. 書店 □ 2. 網路 □ 3. 報紙 □ 4. 雜誌 □ 5. 廣播 □ 6. 電視

□ 7. 親友推薦 □ 8. 其他＿＿＿＿＿＿＿＿＿

您通常以何種方式購書？

□ 1. 書店 □ 2. 網路 □ 3. 傳真訂購 □ 4. 郵局劃撥 □ 5. 其他＿＿＿

您喜歡閱讀那些類別的書籍？

□ 1. 財經商業 □ 2. 自然科學 □ 3. 歷史 □ 4. 法律 □ 5. 文學

□ 6. 休閒旅遊 □ 7. 小說 □ 8. 人物傳記 □ 9. 生活、勵志 □ 10. 其他

對我們的建議：＿＿＿＿＿＿＿＿＿＿＿＿＿＿＿

＿＿＿＿＿＿＿＿＿＿＿＿＿＿＿＿＿＿＿＿＿

＿＿＿＿＿＿＿＿＿＿＿＿＿＿＿＿＿＿＿＿＿